KB241495

Hanbit
RealTime
120

도커 오케스트레이션

Docker Orchestration

애플리케이션 빌드,
테스트,
배포의 통합 관리

슈리크리슈나 홀라 지음
이기곤 옮김

이 도서는
Orchestrating Docker(PACKT publishing)의
번역서입니다

표지 사진 **안상규**

이 책의 표지는 안상규님이 보내 주신 풍경사진을 담았습니다.
리얼타임은 독자의 시선을 담은 풍경사진을 책 표지로 보여주고자 합니다.

사진 보내기 **ebookwriter@hanbit.co.kr**

도커 오케스트레이션 애플리케이션 빌드, 테스트, 배포의 통합 관리

전자책발행 2015년 12월 10일
종이책발행 2015년 12월 21일

지은이 슈리크리슈나 홀라 / **옮긴이** 이기곤 / **펴낸이** 김태헌
펴낸곳 한빛미디어(주) / **주소** 서울시 마포구 양화로 7길 83 한빛미디어(주) IT출판부
전화 02-325-5544 / **팩스** 02-336-7124
등록 1999년 6월 24일 제10-1779호
ISBN 978-89-6848-808-5 13000 / **정가** 15,600원

총괄 배용석 / **책임편집** 김창수 / **기획·편집** 정지연 / **교정** 이미연
디자인 표지/내지 여동일, 조판 최송실 / **제작** 박성우
마케팅 박상용, 송경석 / **영업** 김형진, 김진불, 조유미

이 책에 대한 의견이나 오탈자 및 잘못된 내용에 대한 수정 정보는 한빛미디어(주)의 홈페이지나 아래 이메일로 알려주십시오.
한빛미디어 홈페이지 www.hanbit.co.kr / **이메일** ask@hanbit.co.kr

Published by HANBIT Media, Inc. Printed in Korea
Copyright © Packt Publishing 2015. First published in the English language under the title 'Orchestrating Docker'(9781783984787). This translation is published and sold by permission of Packt Publishing, which owns or controls all rights to publish and sell the same.
이 책의 저작권은 Packt Publishing과 한빛미디어(주)에 있습니다.
저작권법에 의해 보호를 받는 저작물이므로 무단 복제 및 무단 전재를 금합니다.

지금 하지 않으면 할 수 없는 일이 있습니다.
책으로 펴내고 싶은 아이디어나 원고를 메일(ebookwriter@hanbit.co.kr)로 보내주세요.
한빛미디어(주)는 여러분의 소중한 경험과 지식을 기다리고 있습니다.

저자 소개

지은이_ **슈리크리슈나 홀라** Shrikrishna Holla

슈리크리슈나 홀라는 인도의 풀스택full-stack(프론트엔드부터 DB, 인프라 구축까지 모든 걸 하는) 개발자입니다. 자전거 타기와 음악 듣기를 좋아하며 가끔은 그림을 그리기도 합니다. 해커톤에서 후드 티를 입고 밤을 새우기 위해 레드불을 마시는 그의 모습을 자주 볼 수 있습니다. 현재는 클라우드 기반의 고객 서비스 플랫폼인 Freshdesk의 제품 개발자로 일하고 있습니다.

저자와 연락하려면 트위터(@srikrishnaholla) 또는 Docker IRC 채널(Freenode의 #docker)에서 shrikrishna 핸들을 이용하면 됩니다.

역자 소개

옮긴이_ **이기곤**

아이렌소프트(AirenSoft)에서 풀스택 개발자로 일하고 있으며, 주로 C/C++ 언어를 사용하며 멀티미디어 분야에 관심이 있습니다. 저서로는 『FFmpeg 라이브러리: 코덱과 영상 변환을 중심으로』(한빛미디어, 2015)가 있습니다.

Docker와 함께 시작하세요. Docker는 애플리케이션 샌드박싱[01] 기술에 혁명을 가져온 리눅스의 컨테이너화 기술입니다. 이 책을 통해 여러분은 개발 환경을 빠르게 구성하고 애플리케이션 배포 환경을 간단하게 만들기 위해 어떻게 Docker를 사용하는지 배울 수 있습니다.

이 책은 가상화된 Docker 컨테이너 안에서 애플리케이션을 실행하는 방법부터 완성된 컨테이너를 어디서든지 실행하는 방법까지 설명합니다. Docker는 여러분의 개발 환경, 사설 서버, 심지어는 가상화된 클라우드 서비스에서도 실행이 가능할 뿐만 아니라 독립적인 PaaS$^{Platform\ as\ a\ Service02}$를 구성하여 애플리케이션을 배포할 수 있으며 이 모든 것은 여러분의 개발 환경에서 쉽게 구현할 수 있습니다.

저는 Docker를 개발한 분들께 감사의 인사를 드리고 싶습니다. 이분들이 없었다면 이 책은 세상의 빛을 보지 못했을 것입니다. 편집자인 파리타^{Parita}와 라리사^{Larissa}에게, 긴 여정이었지만 저에게 매주 많은 도움을 주셨습니다. 제게는 항상 가장 어두운 감옥에서 마지막 한 줄기 빛과도 같은 존재였으며 앞으로도 그럴 나의 부모님께, 내가 우울할 때마다 위로하는 말을 해준 여동생에게, 나의 진로를 결정하는 데 도와주신 선생님들께, 나의 모든 걱정을 잊게 해준 친구 모두에게 감사의 마음을 전합니다. 수많은 분께서 제게 격려와 조언 그리고 피드백을 주셨고 그분들의 도움 없이는 이 일을 이루어내지 못했을 것입니다. 마지막으로 저를 믿고 책을 보시는 독자분들께도 감사의 말씀을 드립니다.

---

01 역자주_격리된 환경 안에서 프로그램을 관리하는 방식
02 역자주_플랫폼 구성에 필요한 요소를 설치할 필요 없이 서비스하는 개념

불과 몇 년 전까지만 해도 서비스를 확장하기 위해서는 많은 노력이 필요했습니다. 새로운 서버를 설치하는 과정부터 애플리케이션을 실행하기 위한 환경까지 일일이 신경써야 했기 때문입니다.

점점 복잡해지는 서비스와 거대해지는 데이터를 해결하기 위해서 수많은 사람의 연구가 진행되었습니다. 이러한 노력의 하나로 클라우드 서비스가 등장하면서 새로운 서버를 설치하기 위한 과정은 더는 고민거리가 되지 않았습니다. 더불어 많은 기업이 클라우드 환경에서 서비스를 구성하기 위한 인프라를 구축하기 시작했습니다. 이 외에도 Ansible, Puppet, Chef와 같은 자동화 관리 도구가 발전하면서 애플리케이션을 실행하기 위한 환경을 구성하는 일도 점점 간소화되었습니다.

Docker는 이러한 노력의 연장선에 있는 오픈소스 프로젝트로, 격리화된 컨테이너 기술을 통해 애플리케이션을 실행하기 위한 환경을 구성할 필요 없이 일관성 있고 효율적인 배포를 가능하게 합니다. 컨테이너는 완벽하게 격리되어 있어서 개발자는 라이브러리 충돌이나 의존성과 같은 기술적인 문제에 대해 전혀 신경을 쓰지 않아도 되며 인프라 관리자는 단지 컨테이너를 배포하기만 하면 끝입니다. 또한, 컨테이너별로 필요한 자원을 직접 지정할 수 있으므로 효율적인 운영이 가능합니다.

하지만 여러분은 자동화라는 단어에 대해 조심스럽게 생각해야 합니다. 비록 Docker가 모든 것을 자동화하는 것은 사실이지만, 제대로 관리되지 않는다면 큰 재앙을 불러올 수 있습니다. 또한, Docker가 상용 환경에서 안정적으로 제 기능을 수행하려면 다양한 안전장치가 필요합니다. 컨테이너를 관리하는 방법, 장애 대응, 취약점 대비와 같은 것들이 이러한 장치에 속합니다.

그럼에도 Docker가 정말 멋진 도구라는 사실은 변하지 않으며 여러분은 이 책을 통해 Docker가 가진 특별한 매력을 느낄 수 있습니다.

1장 Docker 뜯어보기에서는 여러분의 개발 환경에서 Docker를 실행하는 방법을 설명합니다.

2장 Docker 명령어와 Dockerfile에서는 Docker 프로그램에 익숙해지기 위한 과정을 포함하여 여러분만의 컨테이너를 Dockerfile을 통해 생성할 수 있게 도와드립니다.

3장 Docker 컨테이너 설정에서는 컨테이너가 사용하는 시스템 자원을 세부적으로 관리하기 위한 여러 방법을 설명합니다.

4장 자동화와 보안에서는 컨테이너를 관리하기 위한 다양한 기술들을 다룹니다. 수퍼바이저supervisor를 이용한 여러 서비스의 조직화, 서비스 탐색, Docker의 보안과 관련된 지식을 이 장에서 살펴볼 수 있습니다.

5장 Docker의 친구들에서는 Docker를 둘러싼 세계를 보여드립니다. Docker를 사용하는 오픈소스 프로젝트들을 만나볼 수 있고, 마지막으로는 CoreOS 운영체제를 사용하여 독립적인 PaaS와 클러스터cluster를 구성하는 방법을 설명할 것입니다.

이 책을 위해 필요한 것들

이 책은 리눅스와 Git에 어느 정도 익숙한 독자를 대상으로 합니다. 이러한 기술에 익숙하지 않다면 이 책에서 제공하는 예제를 실행하는 데 어려움을 겪을 수 있습니다. Docker를 설치하기 위해서는 관리자 권한이 필요하며 윈도우와 OS X 사용자는 VirtualBox를 설치해야 합니다.

이 책이 필요한 독자

개발자거나 시스템 관리자 또는 그 사이에 있는 사람이라면 이 책은 여러분에게 Docker를 구성하는 방법과 함께 애플리케이션을 테스트하고 배포하는 방법을 알려

드릴 것입니다. 또한, Docker 설치부터 시작하여 이 책은 컨테이너를 만들기까지 필요한 다양한 명령어를 설명합니다. 그다음으로는 컨테이너를 구성하는 방법을 살펴보고, 컨테이너에 효율적으로 자원을 할당하는 방법을 배울 것입니다. 마지막으로는 Docker 컨테이너를 클러스터에서 관리하기 위한 몇 가지 팁을 드릴 것입니다.

각 장을 순서대로 진행하다 보면 빠르게 Docker를 마스터할 수 있고 애플리케이션을 배포할 때 밤을 새울 일은 없어질 것입니다.

예제 파일

이 책의 예제 코드는 다음 링크에서 다운로드합니다.

• https://www.hanbit.co.kr/exam/2793/

한빛 리얼타임은 IT 개발자를 위한 전자책입니다.

요즘 IT 업계에는 하루가 멀다 하고 수많은 기술이 나타나고 사라져 갑니다. 인터넷을 아무리 뒤져도 조금이나마 정리된 정보를 찾기도 쉽지 않습니다. 또한, 잘 정리되어 책으로 나오기까지는 오랜 시간이 걸립니다. 어떻게 하면 조금이라도 더 유용한 정보를 빠르게 얻을 수 있을까요? 어떻게 하면 남보다 조금 더 빨리 경험하고 습득한 지식을 공유하고 발전시켜 나갈 수 있을까요? 세상에는 수많은 종이책이 있습니다. 그리고 그 종이책을 그대로 옮긴 전자책도 많습니다. 전자책에는 전자책에 적합한 콘텐츠와 전자책의 특성을 살린 형식이 있다고 생각합니다.

한빛이 지금 생각하고 추구하는, 개발자를 위한 리얼타임 전자책은 이렇습니다.

1 eBook First – 빠르게 변화하는 IT 기술에 대해 핵심적인 정보를 신속하게 제공합니다

500페이지 가까운 분량의 잘 정리된 도서(종이책)가 아니라, 핵심적인 내용을 빠르게 전달하기 위해 조금은 거칠지만 100페이지 내외의 전자책 전용으로 개발한 서비스입니다. 독자에게는 새로운 정보를 빨리 얻을 기회가 되고, 자신이 먼저 경험한 지식과 정보를 책으로 펴내고 싶지만 너무 바빠서 엄두를 못 내는 선배, 전문가, 고수 분에게는 좀 더 쉽게 집필할 수 있는 기회가 될 수 있으리라 생각합니다. 또한, 새로운 정보와 지식을 빠르게 전달하기 위해 O'Reilly의 전자책 번역 서비스도 하고 있습니다.

2 무료로 업데이트되는 전자책 전용 서비스입니다

종이책으로는 기술의 변화 속도를 따라잡기가 쉽지 않습니다. 책이 일정 분량 이상으로 집필되고 정리되어 나오는 동안 기술은 이미 변해 있습니다. 전자책으로 출간된 이후에도 버전 업을 통해 중요한 기술적 변화가 있거나 저자(역자)와 독자가 소통하면서 보완하여 발전된 노하우가 정리되면 구매하신 분께 무료로 업데이트해 드립니다.

3 독자의 편의를 위해 DRM-Free로 제공합니다

구매한 전자책을 다양한 IT 기기에서 자유롭게 활용할 수 있도록 DRM-Free PDF 포맷으로 제공합니다. 이는 독자 여러분과 한빛이 생각하고 추구하는 전자책을 만들어 나가기 위해 독자 여러분이 언제 어디서 어떤 기기를 사용하더라도 편리하게 전자책을 볼 수 있도록 하기 위함입니다.

4 전자책 환경을 고려한 최적의 형태와 디자인에 담고자 노력했습니다

종이책을 그대로 옮겨 놓아 가독성이 떨어지고 읽기 어려운 전자책이 아니라, 전자책의 환경에 가능한 한 최적화하여 쾌적한 경험을 드리고자 합니다. 링크 등의 기능을 적극적으로 이용할 수 있음은 물론이고 글자 크기나 행간, 여백 등을 전자책에 가장 최적화된 형태로 새롭게 디자인하였습니다.

앞으로도 독자 여러분의 충고에 귀 기울이며 지속해서 발전시켜 나가겠습니다.

지금 보시는 전자책에 소유 권한을 표시한 문구가 없거나 타인의 소유권한을 표시한 문구가 있다면 위법하게 사용하고 있을 가능성이 큽니다. 이 경우 저작권법에 따라 불이익을 받으실 수 있습니다

다양한 기기에 사용할 수 있습니다. 또한, 한빛미디어 사이트에서 구매하신 후에는 횟수와 관계없이 다운로드할 수 있습니다.

한빛미디어 전자책은 인쇄, 검색, 복사하여 붙이기가 가능합니다.

전자책은 오탈자 교정이나 내용의 수정·보완이 이뤄지면 업데이트 관련 공지를 이메일로 알려 드리며, 구매하신 전자책의 수정본은 무료로 내려받으실 수 있습니다.

이런 특별한 권한은 한빛미디어 사이트에서 구매하신 독자에게만 제공되며, 다른 사람에게 양도나 이전은 허락되지 않습니다.

## chapter 1

Docker 뜯어보기

Docker는 최근에 광범위한 인지도를 얻고 있는 경량화된 컨테이너 기술로, 리눅스의 특징인 namespace, cgroups, AppArmor 프로파일과 같은 기능을 사용하여 격리화된 가상 환경을 구성합니다.

이 장에서는 개발 또는 상용 환경과 같은 다양한 시스템에서 Docker를 설치하는 방법에 대해 배워봅니다. 커널을 기반으로 동작하는 리눅스 시스템에서는 `apt-get install`이나 `yum install` 명령어만으로 쉽게 설치할 수 있습니다. 하지만 리눅스가 아닌 윈도우, OS X와 같은 시스템에서 Docker를 설치하려면 'Boot2Docker'라는 Docker에서 개발한 애플리케이션이 필요합니다. 이 프로그램은 경량화된 리눅스 가상환경을 VirtualBox 위에서 제공하며 IANA[Internet Assigned Numbers Authority]에서 지정한 2375 포트를 사용하여 Docker를 사용할 수 있는 환경을 만들어 줍니다.

이 장 마지막에서는 여러분의 시스템에 Docker가 설치되어 있고 Docker가 잘 작동하는지를 검증해볼 수 있습니다.

이 장에서는 다음 주제를 중점으로 다루겠습니다.

- Docker 소개
- Docker 설치하기
- 우분투(Ubuntu) 14.04와 12.04
- 맥 OS X와 윈도우
- 오픈스택

- 인셉션: Docker 안의 Docker
- 설치 검증: Hello World 출력

Docker는 dotCloud Inc.(현재는 Docker Inc.)에서 개발한 소프트웨어로, 한때 개발자들은 Docker를 PaaS로 개발했습니다. 이후 이 기술에 흥미가 있는 개발자가 많아지자 그들은 앞으로 Docker의 핵심 기술 개발에만 집중할 것이라는 발표와 함께 이 기술을 오픈소스로 공개하기로 했습니다. 이 결정은 Docker 플랫폼에 대한 끊임없는 지지와 발전을 의미하는 기쁜 소식이었습니다.

많은 소프트웨어가 애플리케이션을 쉽게 배포할 수 있도록 만드는 데에 초점을 맞추었지만, Docker만큼 성공하지는 못했습니다. 가장 큰 이유는 Docker가 플랫폼에 종속적이지 않으며 시스템 관리자와 개발자 모두에게 쉬운 환경을 가지고 있기 때문입니다. Docker는 리눅스와 윈도우, OS X 모두에 설치할 수 있으며 Docker 컨테이너는 어떤 환경에서든지 동일한 방법으로 실행이 가능합니다. 단 한 번의 설정으로 어디서든 실행할 수 있는 환경을 구성해준다는 점은 매우 강력한 장점으로 작용합니다. Docker 컨테이너는 데스크톱 개발 환경, 상용 서버, 가상 머신, IDC 또는 클라우드 서버와 상관없이 같은 방식으로 작동하는 것을 보장합니다. 더는 프로그램이 개발자의 노트북이나 상용 서버 위에서 바로 실행되는 상황은 오지 않을 것입니다.

Docker를 이용한 개발 과정의 핵심은 다음과 같습니다. 개발자는 프로그램을 개발하여 컨테이너 안에 넣고 실행되는 것에만 집중합니다. 반면 시스템 관리자는 개발자가 만든 컨테이너를 배포하기만 하면 됩니다. 한 개의 강력한 도구가 이러한 역할을 분리해주는 덕분에 코드 관리와 배포 단계가 크게 간소화되었습니다. 하지만 가상 머신에 이미 이와 같은 장점이 있지 않으냐고 할 겁니다.

가상 머신은 완벽하게 가상화되어 있습니다. 하지만 그렇기에 가상 머신끼리 최소한의 자원만을 공유할 뿐이며 각각의 가상 머신은 개별적으로 자원을 할당받아 사용합니다. 이러한 특징이 각각의 가상 머신을 독립적으로 만들어주지만, 최소한의 파일 공유조차 상대적으로 많은 자원 소모와 불필요한 프로세스를 필요하게 되며 (시스템 전체가 돌아가야 합니다) 이는 곧 성능의 큰 오버헤드^{overhead}를 가져옵니다.

반면에 Docker는 프로세스만을 격리화하는 컨테이너를 구성하지만, 마치 하나의 OS 안에 있는 것처럼 실행됩니다. 프로세스는 호스트와 마찬가지로 독립적인 운영체제 안에서 실행되는 것으로 생각하지만 실제로는 커널을 공유합니다. Docker는 컨테이너와 운영체제 사이에서 일부만을 공유하는 AUFS^{Another Unionfs}라는 계층 파일 시스템을 사용합니다. 공유하는 부분이 많아진다는 것은 그만큼 격리화가 떨어진다는 뜻입니다. 하지만 namespaces와 cgroups 같은 뛰어난 프로세스 격리화 기술들이 최소한의 자원을 사용하면서도 가상 머신과도 같은 격리 환경을 제공할 수 있게 도와줍니다.

[그림 1-1]을 살펴봅시다. 이 그림은 Docker와 일반적인 가상 머신을 비교한 것입니다. Docker 컨테이너는 Docker 엔진을 통해 호스트의 자원을 다른 컨테이너와 함께 공유하지만, 가상 머신은 각각의 머신에 대해 시스템 전체가 동작해야만 합니다.

그림 1-1 가상 머신과 Docker의 작동 방식⁰¹

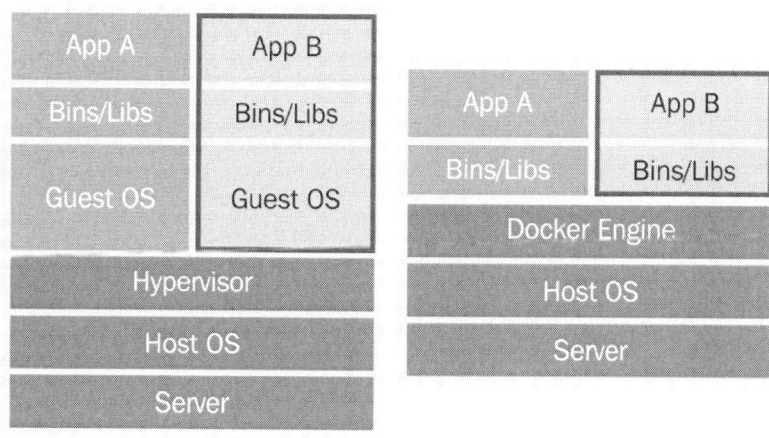

---

01 역자주_왼쪽은 일반적인 가상 머신의 구조, 오른쪽은 Docker의 구조입니다.

1.1 Docker 설치

Docker는 대부분의 리눅스 배포판에서 사용할 수 있는 표준 저장소repository로부터 설치할 수 있습니다. 이 책에서는 우분투 14.04와 12.04(Trusty와 Precise), 맥 OS X와 윈도우에서의 Docker 설치 과정을 설명합니다. 여기서 언급되지 않은 운영 체제를 사용하고 있다면 https://docs.docker.com/installation/#installation 에서 설치 과정을 참고할 수 있습니다.

1.1.1 우분투에서의 Docker 설치

Docker는 우분투 12.04부터 사용할 수 있습니다. Docker를 실행하려면 반드시 64비트 운영체제가 필요하다는 것도 기억하셔야 합니다. 이제 우분투 14.04 에서의 설치 과정을 살펴보겠습니다.

우분투 Trusty 14.04 LTS에서 Docker 설치

Docker는 우분투 Trusty의 소프트웨어 저장소에서 'docker.io'라는 패키지로 사용이 가능합니다.

```
$ sudo apt-get update
$ sudo apt-get -y install docker.io
```

이게 전부입니다. 명령어 한 줄로 Docker를 설치했습니다. 하지만 명령어가 docker.io로 바뀌어서 Docker 명령어를 사용하려면 docker 대신 docker.io 를 사용해야만 합니다.

> **NOTE**
>
> docker가 docker.io로 변경된 이유는 docker라고 불리는 또 다른 KDE3/GNOME2 패키지와 충돌을 일으키기 때문입니다. docker 명령어를 사용하는 편이 더 좋다면 /usr/local/bin으로 심볼 릭 링크를 생성할 수 있습니다. 두 번째 명령어는 bash에서 사용하는 자동완성 규칙을 추가합니다.[02]

---

02 역자주_ 현재는 Ubuntu 14.04 LTS 이상에서 바로 docker 명령어를 사용할 수 있습니다.

```
$ sudo ln -s /usr/bin/docker.io /usr/local/bin/docker
$ sudo sed -i '$acomplete -F _docker docker' \ > /etc/bash_completion.d/
docker.io
```

우분투 Precise 12.04 LTS에서 Docker 설치

우분투 12.04는 Docker와 호환되지 않는 3.2 버전의 커널을 사용하므로 다음
명령으로 먼저 커널을 업그레이드해야 합니다.

```
$ sudo apt-get update
$ sudo apt-get -y install linux-image-generic-lts-raring linux-headers-
generic-lts-raring
$ sudo reboot
```

이렇게 설치한 커널에는 Docker에서 사용하는 AUFS가 포함되어 있습니다. 이
제 설치를 마무리합니다.

```
$ curl -s https://get.docker.com/ubuntu/ | sudo bash
```

이 스크립트로 간편하게 Docker를 설치할 수 있습니다. 이 과정을 자세히 알아
보기 위해 스크립트를 부분별로 살펴보겠습니다.

1. 가장 먼저 스크립트는 APT^Advanced Package Tool 시스템이 https URL을 잘 처리
   할 수 있는지 확인합니다. 처리할 수 없다면 apt-transport-https를 설치합
   니다.

   ```
   # APT 시스템이 HTTPS 전송을 제대로 처리할 수 있는지 확인합니다.
   if [ ! -e /usr/lib/apt/methods/https ]; then apt-get update apt-get install
   -y apt-transport-https fi
   ```

2. 다음으로 로컬 시스템의 키 체인^key chain에 Docker 저장소를 추가합니다.

   ```
   $ sudo apt-key adv --keyserver hkp://keyserver.ubuntu.com:80 --recv-keys
   36A1D7869245C8950F966E92D8576A8BA88D21E9
   ```

NOTE

패키지가 안전하지 않다는 경고를 받을 수도 있습니다. 설치를 진행하려면 'yes'를 입력해야 합니다.

3. 마지막으로 스크립트는 APT 소스 리스트에 Docker 저장소를 추가하고 업데이트한 후 lxc-docker 패키지를 설치합니다.

```
$ sudo sh -c "echo deb https://get.docker.io/ubuntu docker main\
> /etc/apt/sources.list.d/docker.list"
$ sudo apt-get update
$ sudo apt-get install -y lxc-docker
```

NOTE

Docker 버전이 0.9보다 낮았을 때는 LXC^Linux Containers에 대해 큰 의존성이 있어서 OpenVZ를 호스트로 하는 가상 환경에서는 설치가 불가능했습니다. 하지만 0.9 버전 이후로 실행 드라이버^execution driver[03]가 Docker 엔진으로부터 분리되어서 Docker는 LXC, OpenVZ, systemd-nspawn, libvirt-lxc, libvirt-sandbox, qemu/kvm, BSD jails, Solaris Zones, 심지어는 chroot 같은 다양한 도구를 선택할 수 있게 되었습니다. 기본으로는 'libcontainer'라는, Docker만의 컨테이너화 엔진을 사용합니다. 이 라이브러리는 다른 의존성 없이 커널의 컨테이너 API에 직접 접근할 수 있으며 Go 언어로 만들어졌습니다.

-e 플래그로 다른 컨테이너 엔진을 사용할 수 있는데, LXC의 경우에는 다음 명령어를 사용합니다.

```
$docker -d -e lxc
```

이제 Docker를 사용할 모든 준비를 마쳤습니다. 하지만 한 가지 알아두어야 할 것이 있습니다. APT와 같은 소프트웨어 저장소는 일반적으로 업데이트가 느린 편이며 때로는 매우 오래된 버전을 제공하기도 합니다. Docker는 매우 빠르게 발전하는 프로젝트고, 최근 버전에서는 많은 변화가 있었습니다. 따라서 Docker를 가장 최신 버전으로 유지하는 것을 추천합니다.

---

03 역자주_컨테이너의 가상화를 담당하는 주체입니다.

1.1.2 Docker 업그레이드

APT 저장소가 업데이트될 때마다 Docker를 업그레이드할 수 있습니다. 다른 (더 나은) 방법은 소스를 직접 빌드^{build}하는 것입니다. 이 방법에 대한 자세한 내용은 1.3 인셉션: Docker 안의 Docker에서 살펴볼 수 있습니다. 최신 버전에는 치명적인 보안 이슈, 버그와 관련된 업데이트가 있을 수 있으므로 최신 버전을 유지하는 것을 추천합니다. 또한, Ubuntu에서 사용하는 일반적인 저장소는 훨씬 오래된 버전의 Docker를 사용하지만, 이 책의 예제들은 Docker 버전이 1.0보다 높다는 것을 전제로 합니다.

1.1.3 맥 OS X와 윈도우

Docker는 리눅스 커널에 큰 의존성이 있어서 가상 머신에서 생성된 리눅스를 통해 Docker를 실행해야만 하는데, 이는 Docker 회사에서 만든 Boot2Docker 애플리케이션이 해결해 줄 수 있습니다. Boot2Docker는 Docker 컨테이너를 실행하기 위해 특별하게 만들어진 리눅스를 가진 가상 머신을 설치하고, Docker와 동일한 인터페이스를 제공하는 클라이언트를 설치합니다. 이 인터페이스들은 Docker 데몬과 함께 가상 머신 안에 있기 때문에 OS X나 윈도우 터미널을 통해 명령어를 실행할 수 있게 도와줍니다. Boot2Docker를 설치하기 위해 다음 단계를 살펴봅시다.

1. http://boot2docker.io/에서 운영체제에 맞는 최신 버전의 Boot2 Docker를 다운로드하고 설치합니다.

그림 1-2 OS X에서의 Boot2Docker 설치 화면

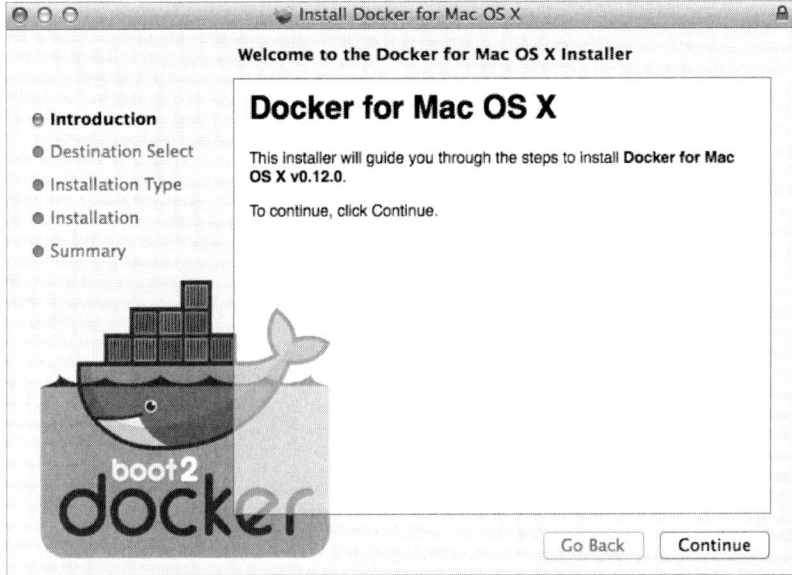

2. 인스톨러를 통해 VirtualBox와 Boot2Docker 관리 도구를 설치합니다.

Boot2Docker를 실행하면 가장 먼저 SSH^Secure Shell 키 패스프레이즈^passphrase를 물어봅니다. 그다음으로 스크립트는 리눅스 가상 머신을 생성하며 모든 설정이 끝난 이후 Docker를 사용할 수 있는 리눅스와 SSH로 연결된 셸을 볼 수 있습니다.

Boot2Docker를 실행하는 다른 방법은 터미널에서 boot2docker 명령어를 사용하는 것입니다.

```
$ boot2docker init # First run
$ boot2docker start
$ export DOCKER_HOST=tcp://$(boot2docker ip 2>/dev/null):2375
```

최초 실행 시 boot2docker init 명령어를 한 번 실행해야 합니다. 마찬가지로 SSH 키 패스프레이즈를 물어보는데, 이 패스프레이즈는 이후 Boot2Docker에서 SSH에 접근하는 데 사용합니다.

Boot2Docker를 초기화한 후에는 `boot2docker start`와 `boot2coekr stop` 명령어로 Docker를 사용할 수 있습니다.

`DOCKER_HOST`는 환경변수로, Docker 클라이언트에 Docker 데몬의 위치를 가리킬 때 사용합니다. 포트 포워딩^{port forwarding} 규칙은 Boot2Docker에서 사용하는 가상 머신의 2375번 포트(정확히는 Docker 데몬이 사용하는)를 지정하면 됩니다. 이 환경변수를 Docker를 사용하려는 모든 터미널 환경에 설정해야 합니다.

> **NOTE**
>
> 배시^{Bash}는 명령어 안에서 명령어를 사용할 수 있는데, 명령어를 ' ' 또는 $( )로 감싸면 됩니다. 이 명령어는 가장 먼저 실행되며 결과값은 바깥쪽에 있는 명령어의 일부로서 대입됩니다.

Docker를 살펴볼 호기심이 생기신다면 Boot2Docker의 기본 ID는 'docker', 비밀번호는 'tcuser'입니다.

Boot2Docker 관리 도구는 다음과 같은 명령어들을 제공합니다.

```
$ boot2docker

사용법 boot2docker [<options>] {help|init|up|ssh|save|down|poweroff|
reset|restart|config|status|info|ip|delete|download|version} [<args>]
```

Boot2Docker를 사용할 때는 `DOCKER_HOST` 환경변수가 반드시 해당 터미널 세션에 설정되어야 합니다. 만약 'http:///var/run/docker.sock/v1.12/containers/create: dial unix /var/run/docker.sock: no such file or directory'와 같은 오류를 보고 있다면 환경변수가 제대로 설정되지 않은 것입니다. 새로운 터미널을 열 때 환경변수를 설정하는 일은 잊어버리기 쉽습니다. OS X 사용자의 경우 이를 쉽게 해결하려면 .bashrc나 .bash_profile에 다음 명령어를 추가하면 됩니다.

```
alias setdockerhost='export DOCKER_HOST=tcp://$(boot2docker ip 2>/dev/null)
:2375'
```

이제 새로운 터미널을 생성할 때나 앞에서와 같은 오류를 보게 되면 다음 명령어
를 실행하기만 하면 됩니다.

```
$ setdockerhost
```

[그림 1-3]은 Boot2Docker 가상 환경에 로그인했을 때 볼 수 있는 초기 화면입
니다.

그림 1-3 Boot2Docker 초기 화면

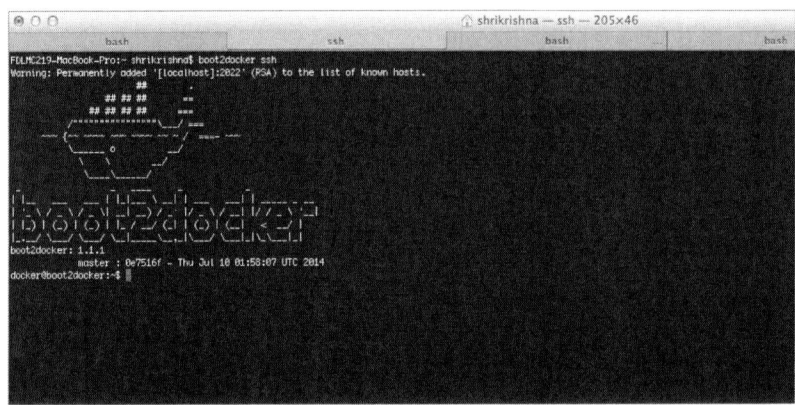

Boot2Docker 업그레이드 방법

1. OS X에서 사용할 수 있는 최신 버전의 Boot2Docker를 http://boot2docker.
   io/에서 다운로드합니다.

2. 인스톨러를 실행하면 인스톨러는 VirtuaBox와 Boot2Docker 관리 도구를
   업데이트합니다.

가상 머신을 업그레이드하려면 터미널을 열어 다음 명령어를 입력합니다.

```
$ boot2docker stop
$ boot2docker download
```

1.2 오픈스택

오픈스택OpenStack은 오픈소스이자 무료로 사용할 수 있는 소프트웨어로, 클라우드 환경을 구성할 수 있게 도와주는 서비스입니다. 오픈스택은 공개 또는 IaaSInfrastructure as a Service 환경을 구성하기 위해 가장 많이 사용하는 솔루션이며 스케줄러 연산, 키체인 관리, 네트워크 관리, 스토리지 관리, 이를 관리할 수 있는 대시보드와 같이 서로 밀접한 관계에 있는 여러 소프트웨어가 하나로 엮인 거대한 프로젝트입니다.

Docker는 오픈스택 노바 컴퓨트Nova Compute에서 가상 서버를 제공하기 위한 하이퍼바이저hypervisor 드라이버로 사용할 수 있으며, 이 기능은 오픈스택 하바나Havana 버전과 함께 소개되었습니다. 하지만 이것이 어떻게 가능할까요? 노바의 Docker 드라이버는 간단한 HTTP 서버를 가지며 이 서버는 유닉스 TCP 소켓을 통해 Docker 엔진 내부와 RESTRepresentational State Transfer API 방식으로 통신을 합니다(이 부분은 나중에 자세히 살펴보겠습니다).

Docker는 Docker 레지스트리Registry'라는 Docker만의 이미지 저장소를 가지고 있으며, 글랜스Glance(오픈스택의 이미지 저장소)에서 Docker 이미지를 가져오거나 저장할 수 있습니다. Docker 레지스트리는 Docker 컨테이너로 실행되거나 단독으로 실행될 수 있습니다.

1.2.1 데브스택을 이용한 Docker 설치

오픈스택에서 Docker를 사용하기 위해서는 데브스택DevStack 설정에서 Docker 경로를 지정하기만 하면 되므로 매우 간단합니다. Docker를 사용하려면 데브스택 경로에 있는 stack.sh 스크립트를 실행하기 전에 localrc 파일에 있는 가상 드라이버 옵션을 설정해야 합니다.[04]

---

04 역자주_localrc는 데브스택에서 설치 과정을 정의하는 파일로, 현재는 local.conf로 파일 이름이 변경되었습니다.

```
VIRT_DRIVER=docker
```

이제 devstack 디렉터리에 있는 Docker 설치 스크립트를 실행하면 되지만 이 스크립트를 실행하려면 socat 유틸리티 패키지가 필요합니다(일반적으로는 stack. sh에 의해 설치됩니다). socat 유틸리티 패키지를 설치하지 않았다면 다음 명령어로 설치할 수 있습니다.

```
$ apt-get install socat
$ ./tools/docker/install_docker.sh
```

이제 devstack 디렉터리에 있는 stack.sh 스크립트를 실행하면 끝납니다.[05]

```
$ ./stack.sh
```

1.2.2 Docker 수동 설치

이미 오픈스택이 설치되어 있거나 데브스택을 이용한 방법으로 설치되지 않을 경 우에는 수동으로 Docker을 설치하는 방법이 있습니다.

1. 앞에서 설명한 Docker 설치 과정을 따라 Docker를 설치합니다. Docker 레지 스트리를 글랜스 서비스와 함께 사용하고 싶다면 다음 명령어를 실행합니다.

```
$ sudo yum -y install docker-registry
```

/etc/sysconfig/docker-registry에 REGISTRY_PORT와 SETTINGS_ FLAVOR를 다음과 같이 추가합니다.

```
$ export SETTINGS_FLAVOR=openstack
$ export REGISTRY_PORT=5042
```

또한, Docker 레지스트리 파일에 오픈스택 인증 토큰을 명시해주어야 합니 다. 다음 명령어가 이 일을 처리할 수 있습니다.

---

05 역자주_icehouse 이후 버전의 데브스택은 더는 이 방법을 지원하지 않습니다. juno 또는 Kilo 이상의 데브 스택에서는 https://wiki.openstack.org/wiki/Docker를 통해 Docker를 지원합니다.

```
$ source /root/keystonerc_admin
$ export OS_GLANCE_URL=http://localhost:9292
```

/etc/docker-registry.yml에는 오픈스택 설정을 위한 로컬^{local} 또는 대체 ^{alternate} storage_path 값이 있으며 기본적으로는 /tmp 디렉터리로 지정되어 있습니다. 이 경로를 변경하고 싶다면 다음 명령어로 설정할 수 있습니다.

```
openstack:
    storage: glance
    storage_alternate: local
    storage_path: /var/lib/docker-registry
```

2. 노바와 Docker가 로컬 소켓을 통해 통신하기 위해서는 docker 그룹에 nova를 추가해야 하고, 변경된 설정을 적용하기 위해 노바 컴퓨트 서비스를 재시작해야 합니다.

```
$ usermod -G docker nova
$ service openstack-nova-compute restart
```

3. Redis(Docker 레지스트리에서 사용)가 실행되고 있지 않다면 실행합니다.

```
$ sudo service redis start
$ sudo chkconfig redis on
```

4. 마지막으로 레지스트리를 실행합니다.

```
$ sudo service docker-registry start
$ sudo chkconfig docker-registry on
```

1.2.3 노바 설정

노바에서 Docker 드라이버를 사용하려면 /etc/nova/nova.conf 설정 파일을 다음과 같이 수정합니다.

```
[DEFAULT]
compute_driver = docker.DockerDriver
```

5042가 아닌 다른 포트를 사용하는 자신만의 Docker 레지스트리를 사용하려 한다면 다음 라인의 포트 값만을 수정하면 됩니다.

```
docker_registry_default_port = 5042
```

1.2.4 글랜스 설정

글랜스 또한 마찬가지로 Docker 컨테이너 포맷을 지원하려면 설정해야 합니다. 이 설정은 글랜스 설정 파일에 Docker에서 사용하는 컨테이너 포맷 리스트를 추가하기만 하면 됩니다.

```
[DEFAULT]
container_formats = ami,ari,aki,bare,ovf,docker
```

> **NOTE**
>
> 이미 설치된 글랜스가 오작동하는 일이 없도록 기본으로 있는 포맷들은 그대로 두는 편이 좋습니다.

1.2.5 Docker와 오픈스택 사이의 워크플로우

Docker 드라이버를 사용하기 위해 노바 설정을 끝낸 이후의 과정은 다른 드라이버 설정과 동일합니다.

```
$ docker search hipache
Found 3 results matching your query ("hipache")
NAME                        DESCRIPTION
samalba/hipache             https://github.com/dotcloud/hipache
```

이후에는 이미지를 풀pull로 가져와서 Docker 레지스트리의 경로를 태그한 뒤에 다시 업로드하는 푸시push 과정을 거치면 됩니다.

```
$ docker pull samalba/hipache
$ docker tag samalba/hipache localhost:5042/hipache
$ docker push localhost:5042/hipache
```

이 푸시 과정은 새롭게 태그한 저장소를 참조하게 됩니다.

```
[localhost:5042/hipache] (len: 1)
Sending image list
Pushing repository localhost:5042/hipache (1 tags)
Push 100% complete
```

이 상황에서 Docker 레지스트리(Docker 컨테이너 안에서 실행되며 5042 포트를 사용 중인)는 글랜스로 태그한 이미지를 푸시하고, 글랜스에서는 노바가 푸시된 이미지를 찾으며, 글랜스에서 제공하는 커맨드 라인 인터페이스^{CLI, Command-Line Interface}를 통해 이미지를 확인할 수 있습니다.

```
$ glance image-list
```

> **NOTE**
>
> 오직 Docker 컨테이너 포맷을 가진 이미지만 부팅할 수 있습니다. 이미지들은 기본으로 컨테이너 파일 시스템의 타르볼^{tarball}을 담고 있습니다.

이제 nova boot 명령어로 인스턴스를 실행할 수 있습니다.

```
$ nova boot —image "docker-busybox:latest" —flavor m1.tiny test
```

> **NOTE**
>
> 이 명령어는 이미지 안에서 사용할 명령어입니다. 각각의 컨테이너 이미지가 실행을 위한 추가 명령어를 가질 수 있으며 일반적으로 Docker 드라이버는 이러한 명령어들을 덮어쓰지 않습니다.

인스턴스가 실행된 이후에는 다음 명령어로 실행된 인스턴스 목록을 볼 수 있습니다.

```
$ nova list
```

또한, docker 명령어로도 실행 중인 인스턴스 목록을 볼 수 있습니다.

```
$ docker ps
```

1.3 　 인셉션: Docker 안의 Docker

표준 저장소를 통해 Docker를 설치하기는 쉽지만, 표준 저장소는 일반적으로 오래된 버전의 Docker를 제공합니다. 이 말은 곧 중요한 업데이트나 기능들이 빠진 상태일 수 있다는 것입니다. 최신 버전의 Docker를 유지하기 위한 최고의 방법은 GitHub을 통해 최신 버전의 소스를 받는 것입니다. 일반적으로 거대한 오픈소스 프로젝트를 사용할 때 소스를 직접 컴파일해서 사용하는 일은 꽤 어려운 편에 속하며 실제로도 해당 오픈소스에 깊은 관심이 있는 사람만이 컴파일에 성공하는 편입니다. 그러나 Docker는 누구나 쉽게 컴파일할 수 있습니다.

Docker는 0.6 버전 이후부터 Docker 안에서 Docker를 빌드하는 것이 가능합니다. 따라서 새로운 버전의 Docker를 기존에 사용하던 Docker 안에서 빌드하여 바이너리 파일만 교체하는 것만으로 쉽게 업데이트할 수 있습니다. 이제 이것이 어떻게 이루어지는지 한번 살펴봅시다.

1.3.1 의존성 패키지

Docker를 빌드하려면 다음 도구가 필요하며 이 도구들은 64비트 리눅스(가상 환경 또는 실제 서버)에 설치되어야 합니다.

* **Git** 무료고 오픈소스인 분산 버전 관리 시스템distributed version control system입니다. Git은 작은 프로젝트부터 매우 큰 프로젝트 모두를 효율적이고 빠르게 다룰 수 있게 설계되었습니다. 이곳은 공용 저장소로부터 Docker 소스를 복사Clone하기 위해 사용합니다. 자세한 설명은 git-scm.org에서 살펴볼 수 있습니다.
* **Make** 컴퓨터 프로그램을 관리하거나 유지할 때 사용하는 소프트웨어 엔지니어링 도구로, 프로그램이 많은 요소의 파일들로 이루어져 있을 때 큰 도움을 줍니다. Makefile 파일은 Docker를 빌드할 때 사용하며 매번 동일한 작업들을 실수 없이 수행할 수 있게 합니다.

1.3.2 소스로부터 Docker 빌드하기

Docker를 Docker 안에서 빌드하려면 가장 먼저 소스 코드를 받은 후 make 명령어를 실행하면 됩니다. 빌드가 끝난 후에는 Docker 바이너리 파일이 생성되며 이 파일이 현재 Docker가 설치된 경로에 있는 바이너리 파일을 대체합니다.

먼저 터미널을 열어 다음 명령어를 실행합니다.

```
$ git clone https://git@github.com/dotcloud/docker
```

이 명령어는 Github에 있는 공식 Docker 저장소로부터 'docker'라는 폴더로 소스 코드를 복사합니다.

```
$ cd docker
$ sudo make build
```

이 과정에서 개발 환경을 준비하고 Docker 바이너리를 생성하는 데 필요한 패키지를 설치합니다. 이 과정은 처음 실행할 때 약간 시간이 걸릴 수 있으니 잠깐 커피를 마시며 쉬는 것도 좋습니다.

> **NOTE**
> 디버깅하기 어려운 오류를 발견할 경우에는 언제든지 freenode의 #docker IRC 채널을 통해 개발자들과 커뮤니티의 도움을 받을 수 있습니다.

이제 바이너리를 컴파일할 준비가 되었습니다. 다음 명령어는 바이너리를 컴파일하며, 생성된 바이너리는 ./bundle/⟨version⟩-dev/binary/ 디렉터리에 있습니다

```
$ sudo make binary
```

자 이제 놀랍게도, 여러분은 새로운 버전의 Docker를 사용할 준비가 모두 끝났습니다. 바이너리를 교체하기 전에 먼저 테스트를 해봅니다.

```
$ sudo make test
```

테스트가 잘 된다면 현재 있는 바이너리를 앞에서 컴파일한 바이너리로 교체해도 괜찮다는 뜻입니다. Docker 서비스를 멈춘 후 현재 바이너리의 백업을 생성하고 교체하기만 하면 됩니다.

```
$ sudo service docker stop
$ alias wd='which docker'
$ sudo cp $(wd) $(wd)_
$ sudo cp $(pwd)/bundles/<version>-dev/binary/docker-<version>-dev $(wd)
$ sudo service docker start
```

축하합니다. 여러분은 이제 최신 버전의 Docker를 가지게 되었습니다.

> **NOTE**
>
> OS X와 윈도우 사용자는 Boot2Docker의 SSH에서 앞에서 설명한 과정과 동일하게 업데이트를 진행할 수 있습니다.

1.4 설치 검증

설치가 완료되었는지 확인하려면 터미널을 열고 다음 명령어를 실행합니다.

```
$ docker run -i -t ubuntu echo Hello World!
```

docker run 명령어는 우분투 기반의 이미지로 된 컨테이너를 실행합니다. 우분투 컨테이너를 처음 실행하는 과정이므로 결과는 다음과 같이 나옵니다.[06]

```
Unable to find image 'ubuntu' locally
Pulling repository ubuntu
e54ca5efa2e9: Download complete
511136ea3c5a: Download complete
d7ac5e4f1812: Download complete
2f4b4d6a4a06: Download complete
83ff768040a0: Download complete
```

---

06 역자주_ 일반적으로 Docker는 루트 권한으로만 실행할 수 있습니다. 이 명령어를 실행하려면 root 계정이거나 1.5 유용한 팁을 참고하여 루트가 아닌 계정으로 실행할 수 있게 권한을 추가해야 합니다.

```
6c37f792ddac: Download complete

Hello World!
```

`docker run ubuntu` 명령어를 실행할 때 Docker는 로컬에 있는 우분투 이미지를 찾습니다. 찾을 수 없을 경우에는 공식 docker 레지스트리로부터 우분투 이미지를 가져옵니다. 이때 Docker가 개별적인 레이어들을 풀링하는 과정을 볼 수 있습니다.

'레이어를 풀링한다'는 말은 Docker가 파일 시스템 레이어를 다운로드하는 것을 뜻합니다. Docker 컨테이너의 이미지의 파일 시스템은 계층별 AUFS를 사용하며 Docker는 이러한 동시다발적인 읽기 전용 파일 시스템 레이어를 가장 잘 활용하고 있습니다. 그리고 레이어들은 컨테이너끼리 공유할 수 있습니다. 파일 시스템에 쓰기가 이루어져야 하는 행동을 취했을 때 Docker는 기존에 있던 레이어에서 변경된 부분만을 새로운 레이어로 생성합니다. 컨테이너들은 기존 레이어들을 공유하고 새로 생성된 컨테이너만이 일정량의 메모리를 사용합니다. 이후에 생성되는 컨테이너들은 공유된 읽기 전용 레이어 위에서 돌아가므로 무시할 수 있는 수준의 메모리만을 사용하게 됩니다. 이 말은 저전력 노트북일지라도 수많은 컨테이너를 동시에 실행하는 환경을 갖출 수 있다는 뜻입니다.

그림 1-4 첫 번째 컨테이너 실행 화면

```
● ○ ○                        ⚙ shrikrishna — bash — 88×9
FDLMC219-MacBook-Pro:~ shrikrishna$ docker run -i -t --rm ubuntu echo Hello World!
Hello World!
FDLMC219-MacBook-Pro:~ shrikrishna$
```

이미지 다운로드가 끝나는 대로 Docker는 컨테이너를 시작하고 'Hello World!'를 콘솔창에 띄울 것입니다. 이것은 Docker 컨테이너의 또 다른 장점인데, 모든 컨테이너는 컨테이너가 실행되는 즉시 명령어를 실행할 수 있습니다. Docker 컨테이너는 일반적인 가상 머신과는 다르다는 것을 기억해야 합니다. Docker는 운영체제의 모든 것을 가상화하지 않습니다. Docker 컨테이너는 오직 한 가지 명령어만을 받아들여 격리된 환경을 가진 프로세스 안에서 실행합니다.

1.5 유용한 팁

이번에는 여러분이 이후 겪게 될 문제에 대해 도움을 드리는 두 가지 팁을 설명합니다. 첫 번째는 루트 계정이 아닌 계정으로 Docker를 사용하는 방법과 두 번째는 네트워크 포워딩을 하기 위한 우분투 방화벽 설정입니다.

> **NOTE**
>
> Boot2Docker를 사용하고 있다면 이 과정은 필요하지 않습니다.

1.5.1 루트가 아닌 계정에 권한 부여하기

docker 그룹을 생성하고 이를 계정에 추가하여 docker 명령어를 사용할 때마다 sudo를 치는 것을 피할 수 있습니다. docker를 사용할 때 항상 sudo가 필요한 이유는 Docker가 실행되려면 루트 권한이 필요하기 때문입니다. 하지만 Docker 클라이언트(명령어를 받는 프로그램)는 그렇지 않습니다. docker 그룹을 생성함으로써 모든 명령어를 sudo 없이 실행할 수 있습니다.[07]

```
$ sudo groupadd docker # Adds the docker group
$ sudo gpasswd -a $(whoami) docker # Adds the current user to the group
$ sudo service docker restart
```

변경사항을 적용하기 위해 로그아웃한 후 다시 로그인합니다.

1.5.2 방화벽 설정

Docker는 컨테이너 내부에서 외부로 통하는 네트워크를 연결하기 위해 이더넷 브릿지bridge를 사용합니다. UFWUncomplicated Firewall는 우분투의 기본 방화벽 도구로, 일반적으로 내부로 들어오는 모든 트래픽을 차단합니다. 따라서 다음과 같은 포워딩이 필요합니다.

---

07 역자주_1.0.1 버전 이상에서는 Docker 설치 시 이미 docker 그룹이 생성되어 있습니다.

```
$ sudo vim /etc/default/ufw
# 기존 값 DEFAULT_FORWARD_POLICY="DROP"을 다음과 같이 변경합니다.
DEFAULT_FORWARD_POLICY="ACCEPT"
```

다음 명령어로 방화벽을 재시작합니다.

```
$ sudo ufw reload
```

다른 호스트에서 여러분의 컨테이너에 접근할 필요가 있다면 다음과 같이 docker 포트(기본 2375)로 들어오는 연결을 활성화해야 합니다.

```
$ sudo ufw allow 2375/tcp
```

1.6 요약

이 장을 통해 여러분이 Docker를 즐길 수 있었으면 좋겠습니다. 다음 장에서는 여러분을 Docker의 세계로 초대하여 Docker의 강력함에 매료되도록 할 것입니다. 이 장에서는 Docker의 역사, Docker를 사용하는 기본적인 방법과 동작 방식에 대해 배웠습니다. 또한, Docker가 가상 머신과 어떻게 다른지와 어떤 점이 가상 머신보다 더 좋은지도 살펴보았습니다. 마지막으로는 첫 번째 이미지를 다운로드하여 첫 번째 컨테이너를 실행해 보았으니 스스로 칭찬해도 괜찮습니다.

이제 다음 장에서는 가장 기본적인 Docker 명령어들을 하나하나씩 살펴보고 이미지를 생성하는 방법도 함께 다루어 보겠습니다.

## chapter 2

Docker 명령어와 Dockerfile

이전 장에서는 개발 환경에 맞게 Docker를 설치하여 첫 번째 컨테이너를 실행했습니다. 이번 장에서는 Docker의 명령어 인터페이스에 대해 알아보고, Dockerfile을 통해 이미지를 생성하는 방법과 이를 자동화하는 과정을 다루어 보겠습니다.

이 장에서는 다음 주제를 설명합니다:

- Docker에서 사용하는 용어
- Docker 명령어
- Dockerfile
- Docker의 작업 흐름도
- 자동화 빌드 구성

2.1 Docker에서 사용하는 용어

Docker의 세계로 가는 흥미로운 여행을 시작하기 전에 이 책에서 자주 사용할 용어들을 먼저 살펴봅시다.

가상 머신의 이미지와 비슷한 개념을 가진 Docker 이미지는 시스템의 스냅샷 snapshot 정보를 가지고 있습니다. 가상 머신은 단순하게 시스템을 실행할 수 있는 이미지지만, Docker 이미지는 단순한 파일 시스템 이미지여서 원하는 환경을 구성할 수 있고 단 한 번의 명령만으로 실행할 수 있다는 차이점이 있습니다.

Docker는 또한 Git과 같은 분산 버전 관리 시스템을 가지고 있어서 Docker 이미지를 로컬 또는 원격 저장소에 저장하여 관리할 수 있습니다. Docker는 Git에서 볼 수 있는 핵심 기능들을 채택하였는데, 그 기능으로는 커밋commit과 같은 스냅샷 저장과 원격 저장소로부터 이미지를 가져오는 기능, 로컬 이미지를 원격에 있는 저장소로 업로드하는 기능 등이 있습니다.

2.1.1 Docker 컨테이너

Docker 컨테이너container는 가상 머신 인스턴스와 비슷한 개념을 가지고 있으며 호스트와 동일한 커널을 공유하는 환경에서 격리된 프로세스들을 실행합니다. 컨테이너라는 단어는 화물을 수송하는 개념으로부터 탄생하였습니다. 이 개념은 컨테이너를 개발 환경에서 배포 환경까지 운반할 수 있고, 컨테이너 안에서 실행되는 애플리케이션은 어디에서나 동일한 환경을 보장받는다는 뜻입니다.

그림 [2-1]은 AUFS의 각 레이어를 나타냅니다. 이 그림은 개발 환경에서 배포 환경으로 운반되기까지 모든 것이 밀봉되어 있지만, 애플리케이션을 실어 올리거나 내릴 수 있고 쌓아서 전달할 수 있다는 점이 마치 화물을 수송하는 것과 비슷하다고 볼 수 있습니다.

그림 2-1 Docker 컨테이너 구조

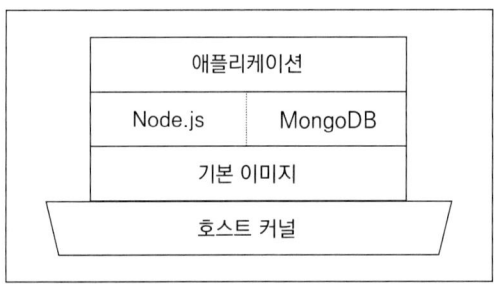

[그림 2-1]에서 컨테이너 안의 프로세스들은 모두 AUFS를 기반으로 합니다(물론 다른 파일 시스템 위에서 실행하게 설정할 수도 있습니다). AUFS는 계층적으로 이루어진

파일 시스템입니다. 파일 시스템을 이루는 모든 레이어는 읽기 전용이며 프로세스들은 모든 레이어가 합쳐진 파일 시스템만을 볼 수 있습니다. 프로세스가 파일 시스템에 변화를 준다면 기존의 레이어에서 변경된 부분만이 새로운 레이어로 생성됩니다. 컨테이너로부터 새로운 이미지를 생성할 때 모든 레이어는 그대로 보존되므로 이미 존재하는 이미지로부터 계층별로 분리된 이미지를 쉽게 생성하고 관리할 수 있습니다.

2.1.2 Docker 데몬

Docker 데몬daemon은 컨테이너를 관리하는 프로세스입니다. Docker 데몬은 Docker 클라이언트와 혼동하기 쉬운데, 이는 두 프로세스 모두 동일한 바이너리를 사용하기 때문입니다. Docker 클라이언트는 실행할 때 루트 권한이 필요하지 않지만, Docker 데몬은 실행하려면 반드시 루트 권한이 필요하다는 차이가 있습니다.

하지만 루트 권한이 필요하다는 말은 Docker 데몬이 공격 벡터attack vector로 활용될 수도 있다는 뜻이 됩니다. 자세한 내용은 https://docs.docker.com/articles/security/을 참조하시기 바랍니다.

2.1.3 Docker 클라이언트

Docker 클라이언트client는 컨테이너를 관리하거나 실행하기 위해 Docker 데몬과 상호작용하는 도구로, Docker 클라이언트와 데몬은 RESTful API를 통해 내부적으로 통신합니다.

> **NOTE**
>
> REST는 분산된 하이퍼미디어 시스템의 컴포넌트와 컴포넌트를 잇는 연결, 데이터 요소들을 하나로 묶어주기 위해 고안된 소프트웨어 설계 형식입니다. 간단히 말해 RESTful API는 GET, POST, PUT, DELETE 메서드 같은 형태의 HTTP 표준 위에서 작동합니다.

2.1.4 Dockerfile

Dockerfile은 Docker 이미지를 구성하기 위해 필요한 명령어들이 도메인 명세 언어^{DSL, Domain Specific Language} 형식으로 쓰여져 있는 파일을 뜻합니다. GNU Make 에서 사용하는 Makefile과 비슷하다고 보면 됩니다.

2.1.5 Docker 레지스트리

Docker 레지스트리^{registry}는 Docker 커뮤니티에 의해 생성된 모든 Docker 이미지가 저장된 공용 저장소입니다. 여러분은 이곳에서 자유롭게 이미지를 가져올 수 있지만, 이미지를 업로드하려면 http://hub.docker.com에서 계정을 등록해야 합니다. Docker 레지스트리와 Docker 허브^{hub} 서비스는 Docker Inc.에 의해 관리되고 있으며 저장 공간의 제한이 없는 공개 저장소와 1개의 비공개 저장소를 무료로 제공하고 있습니다. 일정 비용을 지불한다면 비공개 저장소도 추가로 구매할 수 있습니다.

2.2 Docker 명령어

이제 Docker 명령어를 직접 사용해볼 시간이 왔습니다. 여기서는 가장 일반적인 명령어들과 각 명령어가 언제 사용되는지를 살펴보겠습니다. Docker 명령어들은 리눅스와 Git을 모델로 하고 있습니다. 따라서 이 두 가지에 익숙하다면 Docker 명령어를 익히는 데 불편함이 없을 것입니다.

이 책에서는 가장 많이 사용하는 명령어를 소개합니다. 모든 명령어를 살펴보고 싶다면 공식 문서[01]를 참고하기 바랍니다.

---

01 https://docs.docker.com/reference/commandline/cli/

2.2.1 Docker 데몬 실행

표준 저장소로부터 Docker를 설치했다면 시작startup 스크립트에 Docker 데몬이 자동으로 추가됩니다. 그렇지 않은 경우에는 Docker 클라이언트를 통해 데몬을 직접 실행해야 합니다.

Docker 데몬을 시작할 때는 도메인 네임 시스템DNS 설정, 스토리지 드라이버와 컨테이너를 위한 실행 드라이버 같은 설정을 플래그로 줄 수 있습니다.

```
$ export DOCKER_HOST="tcp://0.0.0.0:2375"
$ Docker -d -D -e lxc -s btrfs --dns 8.8.8.8 --dns-search example.com
```

> **NOTE**
>
> 이 작업은 직접 Docker 데몬을 시작할 때만 필요합니다. 보통은 다음 명령어로 Docker 데몬을 시작할 수 있습니다.
>
> ```
> $ sudo service Docker start
> ```
>
> OS X나 윈도우 사용자라면 1장 Docker 뜯어보기에서 언급한 명령어로 데몬을 시작할 수 있습니다.

[표 2-1]은 데몬을 시작할 때 줄 수 있는 플래그입니다.

표 2-1 데몬 명령어 실행 시 사용 가능한 플래그

플래그	설명
-d	데몬으로 Docker를 실행합니다.
-D	디버깅 모드로 Docker를 실행합니다.
-e [option]	Docker가 컨테이너에 사용할 드라이버를 지정합니다. 기본으로 libcontainer를 사용합니다.
-s [option]	스토리지에 사용할 드라이버를 지정합니다. 기본으로 AUFS를 사용합니다.
--dns [option(s)]	Docker 컨테이너가 사용할 DNS 서버를 지정합니다.
--dns-search [option(s)]	모든 Docker 컨테이너가 사용할 DNS 탐색 서버를 지정합니다.
-H [option(s)]	데몬이 통신할 소켓을 지정합니다. 다음 방식 중 한 가지를 사용할 수 있습니다. tcp://host:port, unix:///path/to/socket, fd://*, fd://socketfd.

한 시스템에 여러 개의 Docker 데몬이 실행 중이라면 DOCKER_HOST 환경변수를 지정하여 해결할 수 있습니다. 이 외에도 클라이언트로 명령을 내릴 때 다음과 같이 -H 플래그를 추가하여 특정 Docker 데몬에 명령을 내릴 수 있습니다.

```
$ docker -H tcp://0.0.0.0:2375 run -it ubuntu /bin/bash
```

앞의 명령어는 다음 명령어와 동일한 기능을 수행합니다.

```
$ DOCKER_HOST="tcp://0.0.0.0:2375" docker run -it ubuntu /bin/bash
```

2.2.2 version

version 명령어는 Docker의 버전과 빌드 정보를 화면으로 출력합니다.

```
$ docker -v
Docker version 1.1.1, build bd609d2
```

2.2.3 info

info 명령어는 Docker 데몬 설정의 세부 내용을 출력합니다. 세부 내용으로는 사용하는 실행 드라이버나 스토리지 드라이버 등이 있습니다.

```
$ docker info # The author is running it in boot2docker on OSX

Containers: 0
Images: 0
Storage Driver: aufs
    Root Dir: /mnt/sda1/var/lib/docker/aufs
    Dirs: 0
Execution Driver: native-0.2
Kernel Version: 3.15.3-tinycore64
Debug mode (server) : true
Debug mode (client) : false
Fds: 10
Goroutines: 10
EventsListeners: 0
Init Path: /usr/local/bin/docker
Sockets: [unix:///var/run/docker.sock tcp://0.0.0.0:2375]
```

2.2.4 run

run 명령어는 가장 자주 사용하게 될 명령어로, Docker 컨테이너를 실행할 때
사용합니다.

```
docker run [옵션] [Docker 이미지] [명령어] [인자]
```

표 2-2 run 명령어 실행 시 사용 가능한 플래그

플래그	설명
-a, --attach=[]	stdin, stdout 또는 stderr(표준 입력, 출력, 에러) 파일을 연결합니다.
-d, --detach	컨테이너를 백그라운드에서 실행합니다.
-i, --interactive	컨테이너가 실행된 이후에도 컨테이너와 연결된 표준 입력을 유지합니다.
-t, --tty	가상 터미널을 활성화하며 컨테이너의 터미널로 직접 연결할 때 사용합니다.
-p, --publish=[]	컨테이너의 포트를 호스트로 연결합니다(ip:hostport:containerport).
--rm	컨테이너 실행이 종료될 때 자동으로 컨테이너를 삭제합니다(-d 플래그와 함께 사용할 수 없습니다).
--privileged	컨테이너에서 사용할 수 있는 모든 추가 권한을 부여합니다. 일반적으로는 커널과 관련된 작업을 수행할 때 사용합니다.
-v, --volume=[]	호스트의 디렉터리를 컨테이너 내부로 마운트할 볼륨^{volume}을 지정합니다. (호스트의 경우 => /host:/container; 컨테이너의 경우=> /container)
-w, --workdir=""	컨테이너가 실행된 이후 시작할 작업 디렉터리^{working directory}를 지정합니다.
--name=""	컨테이너의 이름을 지정합니다.
-h, --hostname=""	컨테이너의 호스트 이름을 지정합니다.
-u, --user=""	컨테이너를 실행할 유저 이름 또는 UID를 지정합니다.
-e, --env=""	컨테이너 안에서 사용할 환경변수를 지정합니다.
--env-file=[]	파일로부터 컨테이너에서 사용할 환경변수를 읽어 들일 때 사용합니다.
--dns=[]	DNS 서버를 설정합니다.
dns-search=[]	DNS 검색 서버를 설정합니다.
--link=[]	다른 컨테이너와 네트워크, 환경변수를 공유할 때 사용합니다(이름:별칭).
-c, --cpu-shares=0	컨테이너의 CPU 점유 우선순위를 지정합니다. 2부터 최대 1024까지 지정할 수 있고, 이 값에 따라 상대적으로 자원을 분배합니다.
--cpuset=""	컨테이너가 사용할 CPU를 지정합니다. 이 값은 0부터 시작하며 컨테이너는 이 값으로 지정된 CPU만 사용합니다.

플래그	설명
-m, --memory=""	컨테이너가 사용할 메모리를 제한합니다(〈메모리 양〉〈b | k | m | g〉).
--restart=""	(Docker 버전 1.2 이상) 컨테이너가 알 수 없는 이유로 종료되었을 때 컨테이너를 다시 시작할지 결정합니다.
--cap-add=""	(Docker 버전 1.2 이상) 컨테이너에서 사용할 수 있는 특정 권한을 부여합니다(자세한 내용은 4장에서 살펴볼 수 있습니다).
--cap-drop=""	(Docker 버전 1.2 이상) 컨테이너에서 특정 권한을 사용하지 못하도록 지정합니다(자세한 내용은 4장에서 살펴볼 수 있습니다).
--device=""	(Docker 버전 1.2 이상) 특정 장치를 컨테이너로 마운트할 때 사용하며 --privileged 명령 없이 수행할 수 있습니다.

컨테이너를 실행할 때 기억해야 할 것은 입력한 명령어에 따라 컨테이너의 종료 시점이 달라진다는 것입니다. 다음 명령어를 실행해 봅시다.

```
$ docker run -dt ubuntu ps
b1d037dfcff6b076bde360070d3af0d019269e44929df61c93dfcdfaf29492c9
$ docker attach b1d037
2014/07/16 16:01:29 You cannot attach to a stopped container, start it first
```

무슨 일이 일어난 걸까요? 간단한 ps 명령어를 실행했을 때 컨테이너는 명령어를 실행하고 바로 종료되었습니다. 따라서 오류 메시지를 받게 됩니다.

> NOTE
>
> attach 명령어는 현재 실행 중인 컨테이너의 표준 입력과 출력을 연결하는 기능을 합니다.

여기서 또 한 가지 중요한 것은 컨테이너 ID를 입력할 때 반드시 64글자 전체를 쓰지 않아도 된다는 점입니다. 처음 몇 글자 정도면 충분합니다. 다음 예제가 이것을 보여줍니다.

```
$ docker attach b1d03
2014/07/16 16:09:39 You cannot attach to a stopped container, start it first
$ docker attach b1d0
2014/07/16 16:09:40 You cannot attach to a stopped container, start it first
```

```
$ docker attach b1d
2014/07/16 16:09:42 You cannot attach to a stopped container, start it first

$ docker attach b1
2014/07/16 16:09:44 You cannot attach to a stopped container, start it first

$ docker attach b
2014/07/16 16:09:45 Error: No such container: b
```

조금 더 편리한 방법으로는 여러분의 컨테이너에 이름을 지어주는 것입니다.

```
$ docker run -dit —name OD-name-example ubuntu /bin/bash
1b21af96c38836df8a809049fb3a040db571cc0cef000a54ebce978c1b5567ea
$ docker attach OD-name-example
root@1b21af96c388:/#
```

-i 플래그는 실행된 컨테이너의 표준 입력 연결을 유지하기 위해 반드시 필요합니다. -t 플래그 또한 가상 터미널 환경을 위해 필요합니다. 앞 예제를 통해 컨테이너가 종료되어도 멈춘stopped 상태로 남아있다는 것을 알 수 있습니다. 이 말은 곧, 컨테이너는 언제든지 당시 보존된 파일 시스템과 함께 시작할 수 있다는 것을 뜻합니다. 다음 명령어를 실행하여 이것을 확인할 수 있습니다.

```
$ docker ps -a

CONTAINER ID   IMAGE          COMMAND   CREATED     STATUS   NAMES
eb424f5a9d3f   ubuntu:latest  ps        1 hour ago  Exited   OD-name-example
```

이 방법이 편리하긴 하지만 계속 컨테이너를 만들게 된다면 호스트의 디스크 공간이 점점 늘어날 것입니다. 프로세스가 종료된 이후 컨테이너가 삭제되기를 원한다면 --rm 플래그를 지정할 수 있습니다.

```
$ docker run —rm -it —name OD-rm-example ubuntu /bin/bash
root@0fc99b2e35fb:/# exit
exit

$ docker ps -a
CONTAINER ID IMAGE COMMAND CREATED STATUS PORTS NAMES
```

다음 예제에 사용하기 위해 웹 서버 하나를 실행하겠습니다. 웹 서버를 선택한 이유는 Docker 컨테이너를 가장 일반적으로 사용하는 예가 웹 애플리케이션의 배포기 때문입니다.

```
$ docker run -it —name OD-pythonserver-1 —rm python:2.7 python -m \
SimpleHTTPServer 8000;
Serving HTTP on 0.0.0.0 port 8000
```

문제가 생겼습니다. 컨테이너 안에서 서버를 실행하는 데는 성공하였지만, 컨테이너의 IP는 Docker로부터 동적 할당을 받기 때문에 이후의 일이 어렵게 되었습니다. 하지만 괜찮습니다. 컨테이너의 포트를 호스트의 포트로 연결할 수 있고 이후의 네트워크 트래픽을 포워딩하는 일은 Docker가 알아서 할 것입니다. 이제 이 명령어를 -p 플래그와 함께 다시 시도해 봅시다.

```
$ docker run -p 0.0.0.0:8000:8000 -it —rm —name OD-pythonserver-2 \
python:2.7 python -m SimpleHTTPServer 8000;
Serving HTTP on 0.0.0.0 port 8000 ...
172.17.42.1 - - [18/Jul/2014 14:25:46] "GET / HTTP/1.1" 200 -
```

이제 브라우저를 열어 http://localhost:8000으로 연결을 시도합니다. 놀랍군요! 여러분이 OS X 사용자거나 http://localhost:8000으로 접속할 수 없다면 VirtualBox의 네트워크 주소 변환NAT, Network Address Translation 기능이 Boot2Docker의 컨테이너로 요청을 제대로 전달하지 못하기 때문입니다. 다음 함수를 엘리어스aliases(bash_profile 또는 .bashrc)에 추가하면 많은 문제를 해결할 수 있습니다.

```
natboot2docker () {
    VBoxManage controlvm boot2docker-vm natpf1 "$1,tcp,127.0.0.1,$2,,$3";
}
removeDockerNat() {
    VBoxManage modifyvm boot2docker-vm —natpf1 delete $1;
}
```

이제 다음 명령어로 파이썬 서버에 접근할 수 있습니다.

```
$ natboot2docker mypythonserver 8000 8000
```

하지만 이 컨테이너의 사용이 끝났을 때 다음 명령어를 실행해야 한다는 점을 잊으면 안 됩니다.

```
$ removeDockerDockerNat mypythonserver
```

이 명령어를 실행하지 않으면 다음에 Boot2Docker를 사용할 때는 다음과 같이 해당 IP로 접근할 수 없는 상황을 맞이할 수도 있습니다.

```
$ boot2docker ssh
ssh_exchange_identification: Connection closed by remote host
2014/07/19 11:55:09 exit status 255
```

이제 브라우저는 컨테이너의 /root 경로를 보여줄 것입니다. 만약 호스트의 디렉터리를 컨테이너 안에서 사용하고 싶을 때는 어떻게 해야 할까요? 마운트를 시도해 봅시다.

```
root@eb53f7ec79fd:/# mount -t tmpfs /dev/random /mnt
mount: permission denied
```

앞에서 보듯이 mount 명령어가 제대로 작동하지 않습니다. 사실 잠재적으로 위험성이 있는 대부분 커널 기능은 --privileged 플래그를 통해 권한을 얻지 않는 이상 컨테이너에서 사용할 수 없게 설정되어 있습니다.

하지만 무슨 일을 하려는지 정확하게 알고 있지 않은 이상 절대 이 플래그를 사용해서는 안 됩니다. Docker는 이미 -v와 -volumes 플래그를 통해 호스트와 컨테이너의 디렉터리를 연결할 수 있는 더 안전한 방법을 제공하기 때문입니다.

이제 -v 플래그를 사용해 현재 디렉터리에서 다시 예제를 실행해 봅시다.

```
$ docker run -v $(pwd):$(pwd) -p 0.0.0.0:8000:8000 -it —rm —name \
OD-pythonserver-3 python:2.7 python -m SimpleHTTPServer 8000;
Serving HTTP on 0.0.0.0 port 8000 ...
```

```
10.0.2.2 - - [18/Jul/2014 14:40:35] "GET / HTTP/1.1" 200 -
```

이제 명령어를 실행한 위치의 디렉터리를 컨테이너로 연결하는 데 성공했습니다. 하지만 브라우저를 통해 컨테이너에 접근할 경우 이전과 마찬가지로 컨테이너의 root 경로를 보게 됩니다. 연결한 디렉터리를 바로 보려면 다음과 같이 -w 플래그로 컨테이너의 작업 디렉터리(컨테이너화된 프로세스가 실행될 디렉터리)를 설정할 수 있습니다.

```
$ docker run -v $(pwd):$(pwd) -w $(pwd) -p 0.0.0.0:8000:8000 -it --name \
OD-pythonserver-4 python:2.7 python -m SimpleHTTPServer 8000;
Serving HTTP on 0.0.0.0 port 8000 ...
10.0.2.2 - - [18/Jul/2014 14:51:35] "GET / HTTP/1.1" 200 -
```

> **NOTE**
>
> Boot2Docker를 사용한다면 앞의 방법을 활용할 수는 없지만, VirtualBox의 게스트 추가 기능guest addtions인 폴더 공유를 이용하여 호스트의 디렉터리를 컨테이너 내부로 마운트하는 방법을 https://goo.gl/cP0vgh에서 살펴볼 수 있습니다. 이 방법이 통하긴 하지만, 일반적인 방법이 아닐뿐더러 추천하고 싶지는 않습니다. 현재 Docker 커뮤니티는 이 방법을 해결할 솔루션을 찾고 있습니다. Boot2Docker Github 저장소의 #64 이슈(https://github.com/boot2docker/boot2docker/issues/64)와 Docker 저장소의 #4023 이슈(https://github.com/docker/docker/issues/4023)를 참고하세요.[02]

이제 http://localhost:8000 서버는 명령어를 실행한 디렉터리를 보여줄 것입니다. 이곳에서 쓰거나 변경된 파일은 호스트의 파일 시스템에도 똑같이 적용되므로 Docker 컨테이너 내부에서 이 디렉터리를 사용할 때는 조심해야 합니다.

> **NOTE**
>
> 1.1.1 버전 이후로는 다음 명령어로 호스트의 root 경로를 컨테이너로 연결할 수 있습니다.
>
> ```
> $ docker run -v /:/my_host:ro ubuntu ls /my_host
> ```
>
> 하지만 컨테이너의 루트 경로에 마운트하는 것은 금지되어 있습니다.

---

02 역자주_이 방법은 Docker 1.3 버전에서 해결되었으며 기존과 동일하게 -v 옵션을 사용할 수 있습니다.

볼륨에는 추가 옵션으로 읽기 전용 모드인 :ro, 읽기 및 쓰기 모드를 지정하는 :rw 같은 접미사가 볼륨마다 추가될 수 있습니다. 기본으로는 호스트와 동일한 모드를 사용합니다(읽기 전용 또는 읽기 및 쓰기). 이 옵션은 정적인 자원에 접근하거나 로그를 쓸 때 가장 많이 사용합니다.

외부 장치를 컨테이너로 마운트하고 싶을 때는 어떻게 해야 할까요? 1.2 버전 이전에는 호스트에 장치를 연결한 뒤 확장 권한privileged이 주어진 컨테이너에 -v 플래그를 지정해서 연결해야 했습니다. 하지만 1.2 버전부터는 --device 플래그를 통해 외부 장치를 확장 권한 없이 추가할 수 있게 되었습니다. 그 예로 웹캠webcam 장치를 컨테이너에 연결할 때 다음 명령어를 입력하면 됩니다.

```
$ docker run --device=/dev/video0:/dev/video0
```

또한, Docker 1.2 버전에서는 컨테이너의 재시작 정책을 지정하기 위한 --restart 플래그도 추가되었습니다. 재시작 정책 옵션은 3가지가 있습니다.

- **no** 컨테이너가 알 수 없는 이유로 종료되어도 재시작하지 않습니다(기본).
- **on-failure** 종료 코드가 0이 아닌 상태로[03]만 재시작합니다. 또한, 최대 재시작 횟수도 옵션으로 지정할 수 있습니다(예를 들어, on-failure:5).
- **always** 컨테이너의 종료 코드와 관계없이 항상 컨테이너를 다시 시작합니다.

다음은 무한정으로 재시작하는 정책을 추가하는 명령어입니다.

```
$ docker run --restart=always code.it
```

다음 명령어는 최대 5번까지만 재시작을 시도합니다.

```
$ docker run --restart=on-failure:5 code.it
```

2.2.5 search

search 명령어는 Docker 공용 저장소로부터 무언가를 검색할 때 사용합니다.

---

03 역자주_알 수 없는 이유로 종료되었을 때

예를 들어, 파이썬과 관련된 모든 검색 결과를 보려면 다음과 같이 입력합니다.

```
$ docker search python | less
```

2.2.6 pull

pull 명령어는 레지스트리로부터 이미지 또는 저장소 전체를 가져올 때 사용합니다. 기본으로는 공용 Docker 레지스트리로부터 가져오지만, 여러분만의 레지스트리가 있다면 그곳에서 받아올 수도 있습니다.

```
$ docker pull python          # Docker 허브로부터 이미지를 가져옵니다.
$ docker pull python:2.7      # 2.7로 태그된 이미지입니다.
$ docker pull <레지스트리 경로>/<이미지 또는 저장소>
```

2.2.7 start

run 명령어로 실행된 컨테이너는 컨테이너가 삭제되기 전까지 상태가 보존된다는 것을 확인했습니다. start 명령어는 멈춰있는 상태의 컨테이너를 시작하는 기능을 합니다.

```
$ docker start [-i] [-a] <컨테이너(들)>
```

다음 명령으로 컨테이너의 상태를 확인할 수 있습니다.

```
$ docker ps -a
CONTAINER ID IMAGE COMMAND CREATED STATUS NAMES
e3c4b6b39cff ubuntu:latest python -m 1h ago Exited OD-pythonserver-4
81bb2a92ab0c ubuntu:latest /bin/bash 1h ago Exited evil_rosalind
d52fef570d6e ubuntu:latest /bin/bash 1h ago Exited prickly_morse
eb424f5a9d3f ubuntu:latest /bin/bash 20h ago Exited OD-name-example
$ docker start -ai OD-pythonserver-4
Serving HTTP on 0.0.0.0 port 8000
```

start 명령어에서 사용할 수 있는 플래그는 run 명령어와 동일합니다.

2.2.8 stop

stop 명령어는 SIGTERM 신호^{signal}와 SIGKILL 신호를 현재 실행되는 컨테이너로 보내어 멈추게 하는 역할을 합니다.

> **NOTE**
>
> SIGTERM과 SIGKILL은 유닉스 신호들입니다. 유닉스와 리눅스, 다른 POSIX 호환 운영체제에서의 시그널은 프로세스 간 통신 용도로 쓰입니다. SIGTERM은 프로세스에 동작을 중지^{terminate}하라는 신호고, SIGKILL 신호는 강제로 프로세스를 종료^{kill}할 때 사용합니다.

```
$ docker run -dit —name OD-stop-example ubuntu /bin/bash
$ docker ps
CONTAINER ID IMAGE COMMAND CREATED STATUS NAMES
679ece6f2a11 ubuntu:latest /bin/bash 5h ago Up 3s OD-stop-example

$ docker stop OD-stop-example
OD-stop-example

$ docker ps
CONTAINER ID IMAGE COMMAND CREATED STATUS NAMES
```

또한, stop 명령어를 실행할 때 -t 또는 --time 플래그를 추가하여 대기 시간을 설정할 수도 있습니다.

2.2.9 restart

restart 명령어는 현재 실행 중인 컨테이너를 재시작합니다.

```
$ docker run -dit —name OD-restart-example ubuntu /bin/bash
$ sleep 15s # 15초 동안 잠시 멈추게 합니다.
$ docker ps
CONTAINER ID IMAGE COMMAND STATUS NAMES
cc5d0ae0b599 ubuntu:latest /bin/bash Up 20s OD-restart-example

$ docker restart OD-restart-example
$ docker ps
CONTAINER ID IMAGE COMMAND STATUS NAMES
cc5d0ae0b599 ubuntu:latest /bin/bash Up 2s OD-restart-example
```

상태를 지켜보면 컨테이너가 재시작하는 것을 확인할 수 있습니다.

2.2.10 rm

rm 명령어는 Docker 컨테이너를 삭제하는 역할을 수행합니다.

```
$ Docker ps -a    # 멈춰있는 컨테이너를 포함하여 보여줍니다.
CONTAINER ID   IMAGE   COMMAND    CREATED   STATUS    NAMES
cc5d0ae0b599   ubuntu  /bin/bash  6h ago    Exited    OD-restart-example
679ece6f2a11   ubuntu  /bin/bash  7h ago    Exited    OD-stop-example
e3c4b6b39cff   ubuntu  /bin/bash  9h ago    Exited    OD-name-example
```

앞서 실행한 예제들로 인해 현재 상당히 많은 컨테이너가 남아있습니다. 이 중 하나를 지워봅시다.

```
$ dockerDocker rm OD-restart-example
cc5d0ae0b599
```

물론 두 가지 명령어를 조합하여 사용할 수도 있습니다. 컨테이너의 ID를 출력하는 ps -a -q 명령어와 rm 명령어를 조합하여 모든 컨테이너를 한 번에 삭제할 수 있습니다.

```
$ docker rm $(docker ps -a -q)
679ece6f2a11
e3c4b6b39cff
$ docker ps -a
CONTAINER ID IMAGE COMMAND CREATED STATUS NAMES
```

이 명령어는 먼저 docker ps -a -q 명령을 수행하고, 실행된 결과는 rm 명령어에서 인자로 사용합니다.

2.2.11 ps

ps 명령어는 컨테이너들을 나열하기 위해 다음과 같은 방법으로 사용됩니다.

```
$ docker ps [옵션]
```

표 2-3 ps 명령어 실행 시 사용 가능한 플래그

플래그	설명
-a, --all	멈춰있는 컨테이너를 포함한 모든 컨테이너를 표시합니다.
-q, --quiet	컨테이너 ID만 표시합니다.
-s, --size	컨테이너의 크기도 같이 표시합니다.
-l, --latest	가장 최근에 생성된 (멈춰있는 컨테이너를 포함하여) 컨테이너만을 표시합니다.
-n=""	가장 최근에 생성된 (멈춰있는 컨테이너를 포함하여) n개의 컨테이너만을 표시합니다.
--before=""	특정 컨테이너 ID를 기준으로 이전에 생성된 컨테이너만을 표시합니다. 멈춰있는 컨테이너도 포함합니다.
--after=""	특정 컨테이너 ID를 기준으로 이후에 생성된 컨테이너만을 표시합니다. 멈춰있는 컨테이너도 포함합니다.

ps 명령어는 기본으로 현재 실행 중인 컨테이너만을 표시합니다. 모든 컨테이너
를 보려면 -a 플래그를 같이 지정하고, 컨테이너 ID만 표시하려면 -q 플래그를
지정하면 됩니다.

2.2.12 logs

logs 명령어는 컨테이너의 로그를 출력합니다. 이번에는 앞에서 실행한 파이썬
서버의 로그를 확인해 봅시다.

```
$ docker logs OD-pythonserver-4
Serving HTTP on 0.0.0.0 port 8000 ...
10.0.2.2 - - [18/Jul/2014 15:06:39] "GET / HTTP/1.1" 200 - ^CTraceback (most
recent call last):
File ...
...
KeyboardInterrupt
```

이 외에도 --follow 플래그를 지정하여 실행 중인 컨테이너의 로그를 실시간으
로 출력할 수 있습니다.

2.2.13 inspect

inspect 명령어는 컨테이너와 이미지의 세부 내용을 볼 수 있는 기능입니다. 컨테이너 또는 이미지의 세부 내용은 JSON 형식으로 출력됩니다.

```
$ docker inspect ubuntu # Running on an image
 [{
    "Architecture": "amd64",
    "Author": "",
    "Comment": "",
    .......
    .......
    .......
    "DockerVersion": "0.10.0",
    "Id": "e54ca5efa2e962582a223ca9810f7f1b62ea9b5c3975d14a5da79d3bf6020f37",
    "Os": "linux",
    "Parent": "6c37f792ddacad573016e6aea7fc9fb377127b4767ce6104c9f869314a12041e",
    "Size": 178365
}]
```

앞에서 실행한 컨테이너도 이와 비슷한 결과를 보여줍니다.

```
$ docker inspect OD-pythonserver-4 # 현재 실행 중인 컨테이너입니다.
[{
    "Args": [
        "-m",
        "SimpleHTTPServer",
        "8000"
    ],
    ......
    ......
    "Name": "/OD-pythonserver-4",
    "NetworkSettings": {
        "Bridge": "Docker0",
        "Gateway": "172.17.42.1",
        "IPAddress": "172.17.0.11",
        "IPPrefixLen": 16,
        "PortMapping": null,
        "Ports": {
            "8000/tcp": [
```

```
            {
                "HostIp": "0.0.0.0",
                "HostPort": "8000"
            }
        ]
    }
},
......
......
"Volumes": {
    "/home/Docker": "/home/Docker"
},
"VolumesRW": {
    "/home/Docker": true
}
}]
```

inspect 명령어는 컨테이너나 이미지가 가진 모든 세부적인 정보를 제공합니다. 이 내용에서 앞서 실행한 컨테이너의 IP 주소와 외부로 노출한 포트 정보를 볼 수 있으며 〈IP 주소〉:〈포트 번호〉의 형식으로 요청을 보내어 컨테이너에 직접 접근할 수 있습니다.

하지만 JSON 형식의 데이터 전체를 본다는 것이 최선의 방법이라고 할 수는 없습니다. inspect 명령어는 -f 또는 --follow 플래그를 제공하는데, 이 플래그는 Go 탬플릿을 이용하여 원하는 부분만을 출력하게 명시할 수 있습니다. 예를 들어, 컨테이너의 IP 주소만을 확인하고 싶다면 다음과 같이 할 수 있습니다.

```
$ docker inspect -f '{{.NetworkSettings.IPAddress}}' OD-pythonserver-4;
172.17.0.11
```

{{.NetworkSettings.IPAddress}}는 JSON 결과물을 걸러내는 Go 템플릿입니다. Go 템플릿은 매우 강력하며, http://golang.org/pkg/text/template/에서 활용하기 좋은 몇 가지 템플릿을 확인할 수 있습니다.

2.2.14 top

top 명령어는 유닉스의 top 명령어와 매우 비슷하며, 특정 컨테이너 안에서 실행 중인 프로세스들의 상태를 출력합니다. 자, 그럼 Ghost 블로그 플랫폼을 다운로드하여 실행한 후 어떤 프로세스가 실행되는지 확인해봅시다.

```
$ docker run -d -p 4000:2368 —name OD-ghost ghost
ece88c79b0793b0a49e3d23e2b0b8e75d89c519e5987172951ea8d30d96a2936

$ docker top OD-ghost
PID        USER        COMMAND
1180       root        npm
1186       root        sh -c node index
1187       root        node index
```

대단하지 않나요? 명령어 한 줄만으로 여러분만의 Ghost 블로그를 설치했습니다. 이 방식이 Docker가 가진 장점 중 특별하게 부각되는 점은 아니지만, 미래에는 하나의 트렌드가 될 가능성을 보여줍니다. TCP 포트로 외부와 통신하는 모든 프로그램은 이제 컨테이너화되어 개별적으로 격리된 환경에서 실행될 것입니다. 여러분에게 필요한 것은 단순히 포트를 연결하는 일뿐이며 프로그램 설치, 의존성, 충돌과 같은 일들은 말끔히 해결될 것입니다. 삭제 또한 컨테이너를 삭제하고 이미지를 제거하는 것만으로 간단하게 해결됩니다.

> **NOTE**
>
> Ghost는 디자인이 아름답고 사용하기 쉬우며 모두에게 무료인 오픈소스 퍼블리싱publishing 플랫폼으로, 서버 사이드 자바스크립트 실행 엔진인 Node.js로 작성되었습니다.

2.2.15 attach

attach 명령어는 현재 실행 중인 컨테이너와 연결하는 기능을 수행합니다. 이번에는 Node.js를 가진 컨테이너로 시작해 봅시다. 먼저 데몬으로 실행한 후에 attach 명령어로 연결합니다.

NOTE

Node.js는 자바스크립트로 쓰여졌으며 구글의 V8 런타임 환경 위에서 애플리케이션을 실행하는 이벤트 처리 I/O 프레임워크입니다.

Node.js를 담고 있는 컨테이너는 다음과 같이 시작할 수 있습니다.

```
$ docker run -dit —name OD-nodejs node
8e0da647200efe33a9dd53d45ea38e3af3892b04aa8b7a6e167b3c093e522754

$ docker attach OD-nodejs
console.log('Docker rocks!');
Docker rocks!
```

2.2.16 kill

kill 명령어는 실행 중인 컨테이너로 SIGTERM 신호를 보내 컨테이너를 멈추게 하는 기능을 합니다. Ghost 블로그를 실행하는 컨테이너를 멈추게 해봅시다.

```
$ docker kill OD-ghost-1
OD-ghost-1

$ docker attach OD-ghost-1 # Verification
2014/07/19 18:12:51 You cannot attach to a stopped container, start it first
```

2.2.17 cp

cp 명령어는 컨테이너의 파일 시스템에서 파일 또는 폴더를 호스트의 위치로 복사하는 역할을 수행합니다. 이 경로는 파일 시스템의 루트를 기반으로 설정됩니다.

이번에는 재미있는 예제 하나를 보여드리겠습니다. 먼서 /bin/bash 명령어를 실행하는 우분투 컨테이너를 실행합니다.

```
$ docker run -it —name OD-cp-bell ubuntu /bin/bash
```

이제 컨테이너 내부에 특별한 이름을 가진 파일을 생성해 봅시다.

```
# touch $(echo -e '\007')
```

\007 문자는 아스키ASCII로 벨BEL을 뜻하며 터미널에 출력되었을 때 알림 소리를 내는 문자입니다. 아마 여러분은 앞으로 무엇을 할지 이미 알고 있을지도 모르겠습니다. 이제 새로운 터미널을 열고 다음 명령어를 실행하여 이 파일을 호스트로 복사합니다.

```
$ docker cp OD-cp-bell:/$(echo -e '\007') $(pwd)
```

> **NOTE**
>
> cp 명령어가 작동하려면 컨테이너의 경로와 호스트의 경로가 명확해야 합니다. 따라서 점(.), 쉼표(,) 또는 별표(*)와 같은 문자는 사용할 수 없습니다.

파일 이름이 벨 문자인 빈 파일을 컨테이너 안에 생성했습니다. 이후 파일을 호스트로 복사하였고 마지막 단계만이 남아있습니다. cp 명령어를 실행한 호스트의 터미널에서 다음 명령어를 실행합니다.

```
$ echo *
```

아마 시스템 알림 소리를 들을 수 있을 것입니다! 이 외에도 컨테이너 안에 있는 다른 파일이나 디렉터리를 복사할 수도 있습니다. 단순한 복사만으로는 해를 끼칠 일도 없습니다.

> **NOTE**
>
> 이 예제의 파일 이름을 생성하는 부분에서 흥미로움을 느꼈다면 http://www.dwheeler.com/essays/fixing-unix-linux-filenames.html의 글을 추천합니다. 이 글은 파일 이름이 프로그램에 영향을 끼칠 수 있는 여러 문제점edge case들을 다룬 훌륭한 에세이입니다.

2.2.18 port

port 명령어는 컨테이너 안에서 사용하는 포트와 연결된 외부 포트를 확인하는 역할을 수행합니다.

```
$ docker port <컨테이너> <포트 번호>
```

```
$ docker port OD-ghost 2368
4000
```

Ghost는 2368 포트를 사용하여 블로그 포스트를 쓰고 퍼블리싱합니다. top 명령어 예제를 실행하면서 컨테이너의 2368 포트를 호스트의 4000번 포트로 연결했다는 것을 기억할 것입니다.

2.3 프로젝트 시작하기

이제 여러분은 어느 정도 Docker에 익숙해졌으리라 생각합니다. 속도를 조금 높여봅시다. 다음에 소개할 몇 가지 명령어를 위해 제가 만든 사이드 프로젝트^{side} projects들 중 한 가지를 사용하겠습니다. 물론 제 프로젝트를 마음대로 가져다가 써도 상관없습니다.

가장 먼저, run 명령어를 사용하기 전에 필요한 인자들부터 정의해 봅시다. 이 애플리케이션은 Node.js 위에서 실행되므로 관리가 잘 된 공식 Node.js 이미지를 작업을 시작할 컨테이너로 선택합니다.

- 이 애플리케이션은 8000번 포트를 사용하므로 호스트의 8000번 포트를 열어두어야 합니다.
- 앞으로 명령어를 조금 더 편하게 쓰기 위해 컨테이너에 이름을 붙여줄 필요가 있습니다. 이번에는 직접 애플리케이션의 이름을 지어보는 것도 나쁘지 않아 보입니다.[04]

```
$ docker run -it -p 8000:8000 —name code.it node /bin/bash
[ root@3b0d5a04cdcd:/data ]$ cd /home
[ root@3b0d5a04cdcd:/home ]$
```

컨테이너가 실행되었을 때 사용할 애플리케이션의 종속성이 컨테이너와 맞는지를 반드시 확인해야 합니다. 이번 경우에는 이미 컨테이너에 설치된 Git만 필요하므로 그다지 상관은 없습니다.

---

04 역자주_이 책에서는 'code.it'이라는 이름을 사용합니다.

이제 컨테이너는 애플리케이션을 실행할 준비가 모두 끝났습니다. 이제 소스 코드 저장소에서 코드를 받아 애플리케이션을 실행하는 데 필요한 작업을 하는 일만 남았습니다.

```
$ git clone https://github.com/shrikrishnaholla/code.it.git
```

다음 명령어를 실행하여 이 애플리케이션이 필요로 하는 추가 모듈을 다운로드합니다.

```
$ cd code.it && git submodule update —init —recursive
```

다음 명령어를 실행합니다.

```
$ npm install
$ node app.js
```

이제 애플리케이션을 실행하기 위한 모든 모듈이 설치되었습니다. 다음 명령어를 실행합니다.

```
$ node app.js
```

이제 여러분은 localhost:8000을 통해 이 애플리케이션을 사용할 수 있습니다.

2.3.1 diff

diff 명령어는 컨테이너와 컨테이너의 기본^{base}이 되는 이미지 사이에서 무엇이 변경되었지를 표시합니다. 이번 예제에서는 이전에 실행한 code.it 컨테이너를 사용하겠습니다. 다음 명령어로 실행해 봅니다.

```
$ docker diff code.it
C /home
A /home/code.it
...
```

2.3.2 commit

commit 명령어는 지정된 컨테이너의 파일 시스템으로부터 새로운 이미지를 생성합니다. 이 명령어는 Git의 commit 명령어와 비슷하고, 생성한 이미지에는 커밋 메시지를 설정할 수도 있습니다.

```
$ docker commit [옵션] 컨테이너 ID [저장소[:태그]]
```

표 2-4 commit 명령어 실행 시 사용 가능한 플래그

플래스	설명
-p, --pause	이 명령어는 커밋하는 동안 컨테이너를 잠시 멈추게 합니다(1.1.1 버전부터 가능합니다).
-m, --message=""	커밋 메시지를 추가합니다. 일반적으로는 이미지에 대한 부가적인 설명을 넣습니다.
-a, --author=""	커밋 메시지를 쓰는 사람에 대한 정보를 추가합니다.

이제 앞에서 만든 컨테이너를 커밋하는 명령어를 사용할 차례가 왔습니다.

```
$ docker commit -m "Code.it - A browser based text editor and interpreter"
-a "Shrikrishna Holla <s**a@gmail.com>" code.it
shrikrishna/code.it:v1
```

> **NOTE**
>
> 이 예제의 이름과 설명, 이미지와 컨테이너의 별칭은 직접 사용할 정보를 적으면 됩니다.

이 예제가 실행되면 꽤 길어 보이는 이미지의 아이디가 출력됩니다. 이 예제에서 사용된 이미지의 이름은 'shrikrishna/code.it:v1'인데, 이미지 이름이 이렇게 사용된 것은 네이밍 컨벤션naming convention 때문입니다. 일반적으로 이미지 또는 저장소의 이름을 구성하는 부분 중 슬래시(/) 앞부분은 Docker 허브의 아이디를 사용하고, 슬래시 뒷부분은 지정하려는 애플리케이션 또는 이미지의 이름을 사용합니다. 그리고 콜론(:) 이후에는 버전을 구분하기 위한 태그 정보를 사용합니다.

NOTE

Docker 허브는 Docker Inc.에 의해 관리되는 공용 레지스트리입니다. 이곳에서는 공식 Docker 이미지들과 여러분의 Docker 환경을 관리할 수 있게 도와주는 여러 서비스를 제공합니다. 자세한 내용은 https://hub.docker.com을 참고하기 바랍니다.

일반적으로 저장소에는 다양한 버전으로 태깅된 이미지들이 있습니다. 여러분이 commit 명령어로 생성한 이미지는 로컬에 저장되어 있기 때문에 이미지에서 컨테이너를 생성할 수는 있지만, 공용으로 사용할 수는 없습니다. 여러분이 생성한 이미지를 공용 또는 사설 Docker 레지스트리를 통해 사용하길 원한다면 push 명령어를 사용해야 합니다.

2.3.3 images

images 명령어는 현재 시스템에 있는 모든 이미지를 보여줍니다.

```
$ docker images [옵션] [이름]
```

표 2-5 images 명령어 실행 시 사용 가능한 플래그

플래그	설명
-a, --all	계층별로 저장된 모든 레이어를 표시합니다.
-f, --filter=[]	필터 값을 추가할 때 사용합니다.
--no-trunc	이미지 아이디를 요약하지 않고 표시합니다.
-q, --quiet	이미지 아이디만을 표시합니다.

images 명령어를 사용하는 몇 가지 예제를 살펴봅시다. 다음 명령어는 가장 높은 레이어에 있는 이미지, 이미지 저장소, 태그 정보와 크기를 보여줍니다.

```
$ docker images
REPOSITORY          TAG    IMAGE ID       CREATED    VIRTUAL SIZE
shrikrishna/code.it v1     a7cb6737a2f6   6m ago     704.4 MB
```

Docker 이미지들은 AUFS처럼 계층별로 분리되어 있으며 각각의 이미지는 읽

기만 가능한 파일 시스템일 뿐입니다. 이러한 이미지들은 하나로 모여 마치 하나의 거대한 파일 시스템이 있는 것처럼 보이게 됩니다.

Docker가 말하는 이미지는 항상 읽기 전용인 파일 시스템 레이어이며 이것은 절대로 변하지 않습니다. 컨테이너를 실행할 때 프로세스는 이 거대한 파일 시스템에 읽고 쓸 수 있습니다. 하지만 실제로는 컨테이너가 실행되면서 생성된 레이어에서만 변경이 이루어집니다. 이후 컨테이너를 커밋할 때 변경된 사항이 기록된 레이어는 쓰기를 멈추고 읽기 전용 레이어인 이미지로 변경됩니다. 이 이미지를 불러와 컨테이너를 실행한다면 모든 레이어(커밋하기 전에는 쓰기가 가능했던 레이어도 포함)는 읽기 전용이 되며 새로운 쓰기용 레이어가 생성됩니다. 이러한 매커니즘 mechanism에도 불구하고 컨테이너 위에서 실행되는 프로세스는 이러한 변화를 감지하지 못하며 마치 하나의 파일 시스템이 있는 것으로만 생각할 것입니다.

앞에서 생성한 code.it 이미지의 레이어 구조를 계층적으로 나타내면 [그림 2-2]와 같습니다.

그림 2-2 code.it 이미지의 레이어 구조

NOTE

이 시점에서 여러분은 일관성 있는 환경을 제공하기 위해 모든 레이어를 합칠 수 있는 하나의 공용 파일 시스템을 만드는 것에 대해 생각해 볼 수도 있습니다. 하지만 생성된 레이어가 일정 수에 도달하면 레이어 생성은 실패하게 됩니다. 기본으로 사용하는 AUFS는 최대 42개의 레이어 제한을 가지고 있어서 이 제한을 넘어서는 순간부터는 레이어 추가가 금지되며 이미지 생성은 실패하게 됩니다. 자세한 사항은 다음 https://github.com/docker/docker/issues/1171을 참고하기 바랍니다.

다음 명령어는 가장 최근에 생성된 이미지만을 표시합니다.

```
$ docker images | head
```

-f 플래그를 사용하면 〈키〉=〈값〉 형식을 인자로 줄 수 있습니다. 이 옵션은 아무런 연관성을 가지지 않는 댕글링^{dangling} 이미지들을 찾을 때 주로 사용합니다.

```
$ docker images -f "dangling=true"
```

이 명령어는 태그되지 않은 상태로 커밋되었거나 생성된 이미지들을 표시합니다.

2.3.4 rmi

rmi 명령어를 이용하면 이미지를 삭제할 수 있습니다. 이미지를 다른 곳에서 다운로드하였을 때는 같이 다운로드된 부모 레이어도 삭제됩니다.

```
$ docker rmi [옵션] {이미지(들)}
```

표 2-6 rmi 명령어 실행 시 사용 가능한 플래그

플래그	설명
-f, --force	하나 이상의 이미지를 강제로 삭제할 때 사용합니다.
--no-prune	태그되지 않은 부모 이미지를 삭제하지 않습니다.

다음 명령어는 시스템에서 test라는 이미지를 삭제합니다.

```
$ docker rmi test
```

2.3.5 save

save 명령어는 이미지 또는 이미지 저장소를 타르볼 형식의 파일로 저장하는 역할을 합니다. 이렇게 저장된 이미지는 메타 정보와 모든 부모 레이어를 가지고 있습니다. -o 플래그를 사용하면 표준 출력standard output을 사용하는 대신 지정된 위치로 파일을 저장합니다.

```
$ docker save -o codeit.tar code.it
```

save 명령어는 이미지를 백업할 때 사용되며 load 명령어로 다시 복구할 수 있습니다.

2.3.6 load

load 명령어는 타르볼 형태로 저장된 이미지를 원래의 이미지나 저장소로 불러오는 기능을 합니다. -i 플래그는 표준 입력을 사용하는 대신 불러올 파일의 경로를 지정합니다.

```
$ docker load -i codeit.tar
```

2.3.7 export

export 명령어는 컨테이너의 파일 시스템을 타르볼 형태로 저장할 때 사용합니다. export 명령어는 save 명령어와는 다르게, 지정된 컨테이너의 모든 파일 시스템을 압축하며 하나의 레이어로 만듭니다. 따라서 이미지와 관련된 모든 기록과 정보들은 저장되지 않습니다.

다음은 export 명령어를 사용하여 지정된 컨테이너를 타르볼 형태로 저장하는 예제입니다.

```
$ sudo Docker export [컨테이너 이름] > latest.tar
```

2.3.8 import

import 명령어는 비어있는 파일 시스템 이미지를 생성한 뒤 지정된 타르볼을 가져와 새로운 이미지를 생성합니다. 이 명령어는 이미지에 태그를 붙일 수 있는 옵션이 있습니다.

```
$ docker import URL |- [저장소[:태그]]
```

URL은 반드시 http로 시작해야 합니다.

```
$ docker import http://example.com/test.tar.gz      # 샘플 URL
```

로컬에 있는 파일을 사용하고 싶다면 '-' 인자를 이용하여 표준 입력standard input으로부터 파일을 받게 지정할 수 있습니다.

```
$ cat sample.tgz | docker import  -  [저장될 이미지]
```

2.3.9 tag

tag 명령어는 이미지에 태그를 붙일 수 있는 기능을 제공하는데, 이미지의 특정 버전을 식별해야 할 때 도움이 됩니다. 예를 들어, 'python:lateset' 이미지는 항상 최신 버전의 파이썬을 사용할 수 있는 이미지입니다. 이후 파이썬이 업데이트 될 때 기존에 사용하던 이미지들은 latest가 아닌 고유한 버전을 갖게 됩니다. 즉, python:2.7이 2.7 버전의 파이썬이 설치된 이미지라는것을 쉽게 알 수 있습니다. 따라서 tag 명령어는 이미지의 버전을 식별할 때 매우 유용한 명령어로 사용됩니다.

```
$ docker tag IMAGE [레지스트리 호스트/][유저 이름/]이미지 이름[:태그]
```

'레지스트리 호스트' 인자는 여러분만의 사설 레지스트리에 저장할 때 필요합니다. 동일한 이미지라 하더라도 다양한 태그를 붙일 수 있습니다.

```
$ docker tag shrikrishna/code.it:v1 shrikrishna/code.it:latest
```

NOTE
이미지에 태그를 붙일 때는 [유저 이름/저장소:태그]의 형식을 준수하는 것이 좋습니다.

이제 images 명령어를 실행하면 v1과 latest 태그로 분리된 동일한 이미지들을 볼 수 있습니다.

```
$ docker images
REPOSITORY          TAG     IMAGE ID      CREATED      VIRTUAL SIZE
shrikrishna/code.it  v1      a7cb6737a2f6  8 days ago   704.4 MB
shrikrishna/code.it  latest  a7cb6737a2f6  8 days ago   704.4 MB
```

2.3.10 login

login 명령어는 Docker 레지스트리 서버에 로그인할 때 사용합니다. 명시된 서버가 없으면 기본 주소(https://index.docker.io/v1/)가 사용됩니다.

```
$ Docker login [옵션] [서버]
```

표 2-7 login 명령어 실행 시 사용 가능한 플래그

플래그	설명
-e, --email=""	이메일 주소
-p, --password=""	패스워드
-u, --username=""	유저 이름

플래그가 주어지지 않는다면 응답 대신 프롬프트가 생겨 정보를 입력할 수 있습니다. 첫 번째 로그인 후에는 $HOME/.dockercfg 경로에 정보들이 저장됩니다.

2.3.11 push

push 명령어는 이미지를 공용 또는 사설 레지스트리로 업로드할 때 사용합니다.

```
$ docker push 이미지[:태그]
```

2.3.12 history

history 명령어를 이용하면 지정된 이미지의 기록을 볼 수 있습니다.

```
$ docker history node
IMAGE           CREATED       CREATED BY                              SIZE
9e20baae42c8    2 weeks ago   /bin/sh -c #(nop) CMD ["node"]          0
B8b74d7a75802   2 weeks ago   /bin/sh -c curl -SLO "https://nodejs.org/dist  36.04 MB
3383909e8f95    2 weeks ago   /bin/sh -c #(nop) ENV NPM_VERSION=2.13.3 0 B
e0919a8b95a8    2 weeks ago   /bin/sh -c #(nop) ENV NODE_VERSION=0.12.7 0 B
```

2.3.13 events

event 명령어를 실행하면 실행 이후 지정된 이미지로부터 발생하는 모든 이벤트를 실시간으로 볼 수 있습니다.

```
$ docker events [옵션]
```

--since 또는 --until 플래그를 인자로 사용하여 특정 시간대의 이벤트만을 출력할 수도 있습니다.

표 2-8 events 명령어 실행 시 사용 가능한 플래그

플래그	설명
--since=""	지정된 유닉스 타임스탬프 이후에 발생한 모든 이벤트를 출력합니다.
--until=""	지정된 타임스탬프까지 이벤트를 출력합니다.

event 명령어는 다음과 같이 사용할 수 있습니다.

```
$ docker events
```

다른 터미널을 열고 다음 명령어를 실행합니다.

```
$ docker start code.it
```

다음 명령어도 실행해 봅시다.

```
$ docker stop code.it
```

event 명령어를 실행한 터미널에서 앞에서와 같은 명령어를 칠 때마다 다음과 같은 기록이 실시간으로 출력되는 것을 확인할 수 있습니다.

```
[2014-07-21 21:31:50 +0530 IST] c7f2485863b2c7d0071477e6cb8c8301021ef9036a
fd4620702a0de08a4b3f7b: (from dockerfile/nodejs:latest) start

[2014-07-21 21:31:57 +0530 IST] c7f2485863b2c7d0071477e6cb8c8301021ef9036a
fd4620702a0de08a4b3f7b: (from dockerfile/nodejs:latest) stop

[2014-07-21 21:31:57 +0530 IST] c7f2485863b2c7d0071477e6cb8c8301021ef9036a
fd4620702a0de08a4b3f7b: (from dockerfile/nodejs:latest) die
```

2.3.14 wait

wait 명령어는 컨테이너가 종료되기 전까지 기다린 후 종료 코드exit code를 출력하는 기능을 합니다.

```
$ docker wait [컨테이너]
```

2.3.15 build

build 명령어는 지정된 경로에 있는 파일로부터 명령어를 읽어 들여 이미지를 빌드할 때 사용합니다.

```
$ docker build [옵션] 경로 | URL | -
```

표 2-9 build 명령어 실행 시 사용 가능한 플래그

플래그	설명
-t, --tag=""	빌드에 성공한 이미지에 붙일 태그를 지정합니다.
-q, --quiet	빌드 시 출력되는 모든 내용을 출력하지 않습니다.
--rm=true	이미지가 성공적으로 빌드되었을 때만 중간 과정에서 생성된 컨테이너를 삭제합니다.
--force-rm	이미지 빌드의 실패 또는 성공 여부와 관계없이 중간 과정에서 생성된 컨테이너를 삭제합니다.
--no-cache	이미지를 빌드하는 과정에서 캐시를 사용하지 않습니다.

build 명령어는 Dockerfile로부터 이미지를 빌드할 때 사용하는데, Dockerfile은 Makefile과 같이 빌드하기 위해 참조하는 파일입니다. 이 파일 안에는 이미지를 만들기 위해 필요한 여러 설정과 명령어들이 포함되어 있습니다. 2.4 Dockerfile에서 이와 관련된 내용을 자세하게 살펴보겠습니다.

> **NOTE**
> 이곳에서 설명하는 다양한 명령어와 Dockerfile이 동작하는 방식을 조금 더 쉽게 이해하기 위해 2.4 Dockerfile을 먼저 읽어본 후 이곳으로 돌아오는 것도 괜찮은 방법입니다.

Docker는 Dockerfile과 빌드 컨텍스트^{context}를 통해서 이미지를 빌드할 수 있습니다. 여기서 빌드 컨텍스트란 Dockerfile 안에서 이미지를 빌드할 때 필요한 파일들을 의미하며 PATH 또는 URL 명령어를 통해 지정할 수 있습니다.

Github 주소나 'git://' 프로토콜^{protocol}을 URL 주소로 사용할 경우 저장소에 있는 모든 파일이 빌드 컨텍스트로 지정됩니다. 저장소와 저장소의 서브 모듈들은 재귀적으로^{recursively} 파일을 여러분의 로컬 시스템으로 복사하며 Docker 데몬으로 전송합니다.[05] 이 방식은 물론 사설 저장소에도 동일하게 적용할 수 있습니다. 물론 사설 저장소에 접근하려면 가상 사설망^{VPN, Virtual Private Network}을 사용하거나 별도의 인증 과정이 필요합니다.

2.3.16 Docker 데몬으로 업로드하기

Docker 엔진이 데몬과 클라이언트로 구분되어 있다는 점을 기억할 것입니다. 여러분이 실행하는 모든 명령어는 데몬과 통신하는 Docker 클라이언트를 통해 데몬으로 전달됩니다(일반적으로는 TCP 또는 유닉스 소켓을 사용합니다). Docker 데몬과 클라이언트는 서로 다른 호스트에서 실행될 수 있고(분리된 환경에서 작동하는 일반적인 경우로는 Boot2Docker가 있습니다), DOCKER_HOST 환경변수를 통해 원격에 있는

---

05 역자주_build 명령어는 Docker 클라이언트가 아닌 데몬에서 처리합니다.

Docker 데몬으로 연결할 수 있습니다.

build 명령어의 인자로 컨텍스트를 지정할 때 컨텍스트로 지정된 모든 파일은 타르볼로 압축되어 데몬으로 전송됩니다. 컨텍스트를 지정할 때는 앞에서 설명한 URL 또는 로컬 경로에 있는 파일들을 지정할 수 있는 PATH를 사용합니다. 하지만 Git이나 이클립스^{Eclipse} 같은 시스템들은 메타 정보를 관리하기 위해 숨겨진 폴더를 사용하곤 하는데, 이미지를 빌드할 때 불필요한 파일까지 모두 타르볼로 압축하여 전송한다는 것은 비효율적인 작업입니다.

Docker는 .dockerignore 파일을 생성하여 불필요한 파일들이 전송되는 것을 방지합니다. 이 파일은 다른 컨텍스트 안에 같이 있어야 하며, 무시해야 할 파일들을 지정하는 차단 패턴^{exclusion pattern}들로 이루어져 있습니다. 이 파일의 예제는 https://github.com/docker/docker/blob/master/.dockerignore에서 확인할 수 있습니다.

만약 URL이 주어진 경우나 표준 입력을 통해 Dockerfile을 인자로 받았을 경우에는 지정된 컨텍스트가 존재하지 않는 상태가 됩니다. 이런 경우에는 ADD 명령어로 컨텍스트를 지정해야 하며 이 위치는 원격에 있는 URL일때만 유효합니다.

이제는 Dockerfile을 직접 작성하여 code.it 이미지를 빌드해볼 차례입니다(이곳에서 사용한 명령어들은 2.4 Dockerfile에서 자세하게 살펴볼 수 있습니다). 먼저 터미널을 연 후 디렉터리를 하나 생성합니다. 생성된 디렉터리에 다음과 같은 형식으로 파일을 생성하고 파일 이름을 Dockerfile로 저장합니다.

```
FROM node
MAINTAINER Shrikrishna Holla <s**a@gmail.com>
WORKDIR /home
RUN git clone https://github.com/shrikrishnaholla/code.it.git
WORKDIR code.it
RUN git submodule update —init —recursive
RUN npm install
```

```
EXPOSE 8000
WORKDIR /home
CMD ["/usr/bin/node", "/home/code.it/app.js"]
```

```
$ docker build -t shrikrishna/code.it:docker .
Sending build context to Docker daemon 2.048 kB
Sending build context to Docker daemon
Step 0 : FROM node
 ---> 9e20baae42c8
Step 1 : MAINTAINER Shrikrishna Holla <s**a@gmail.com>
 ---> Using cache
 ---> aa78d9c69ad9
Step 2 : WORKDIR /home
 ---> Using cache
 ---> 9d259a9eea93
Step 3 : RUN git clone https://github.com/shrikrishnaholla/code. it.git
 ---> Running in f3d54f4530b4
. . . . .
. . . . .
Step 7 : EXPOSE 8000
 ---> Running in 9ae8f68a26d5
 ---> 8a35984b533a
Removing intermediate container 9ae8f68a26d5
Step 8 : WORKDIR /home
 ---> Running in 64e052c7651d
 ---> c3189212d693
Removing intermediate container 64e052c7651d
Step 9 : CMD /usr/bin/node /home/code.it/app.js
 ---> Running in b8d708ee45e0
 ---> d33b57f2b28d
Removing intermediate container b8d708ee45e0
Successfully built d33b57f2b28d
```

이미지가 정상적으로 생성되었다면 images 명령어로 생성된 이미지를 확인할 수
있습니다.

REPOSITORY	TAG	IMAGE ID	CREATED	VIRTUAL SIZE
shrikrishna/code.it	docker	d33b57f2b28d	5 minutes ago	1.092 GB

빌드에 사용된 컨테이너들은 모두 캐시화되어 저장되어 있습니다. 이는 작업이 실패했을 경우에 마지막으로 성공한 지점으로부터 빠르게 빌드가 가능하며, build 명령어를 한 번 더 실행하여 확인할 수 있습니다.

```
$ docker build -t shrikrishna/code.it:docker .
Sending build context to Docker daemon 2.048 kB
Sending build context to Docker daemon
Step 0 : FROM node
 ──> 9e20baae42c8
Step 1 : MAINTAINER Shrikrishna Holla <s**a@gmail.com>
 ──> Using cache
 ──> aa78d9c69ad9
Step 2 : WORKDIR /home
 ──> Using cache
 ──> 9d259a9eea93
Step 3 : RUN git clone https://github.com/shrikrishnaholla/code.it.git
 ──> Using cache
 ──> b0c5bb990120
Step 4 : WORKDIR code.it
 ──> Using cache
 ──> ae8aa1e81091
Step 5 : RUN git submodule update —init —recursive
 ──> Using cache
 ──> f44de85dad5f
Step 6 : RUN npm install
 ──> Using cache
 ──> 0915afa7775f
Step 7 : EXPOSE 8000
 ──> Using cache
 ──> 8a35984b533a
Step 8 : WORKDIR /home
 ──> Using cache
 ──> c3189212d693
Step 9 : CMD /usr/bin/node /home/code.it/app.js
 ──> Using cache
 ──> d33b57f2b28d
Successfully built d33b57f2b28d
```

NOTE

캐시가 어떻게 작동하는지 궁금하다면 중간 한 줄을 바꾸어 보거나(포트 번호를 바꾸는 것은 어떨까요)
다음 명령어를 중간에 추가한 후 어떤 변화가 생기는지 확인해 보길 바랍니다.

```
RUN echo "testing cache"
```

원격에 있는 저장소를 사용하는 build 예제는 다음과 같습니다.

```
$ docker build -t shrikrishna/optimus:git_url git://github.com/pesos/optimus
Sending build context to Docker daemon 1.305 MB
Sending build context to Docker daemon
Step 0 : FROM dockerfile/nodejs
---> 1535da87b710
Step 1 : MAINTAINER Shrikrishna Holla
---> Running in d2aae3dba68c
---> 0e8636eac25b
Removing intermediate container d2aae3dba68c
Step 2 : RUN git clone https://github.com/pesos/optimus.git /home/optimus
---> Running in 0b46e254e90a
. . . . .
. . . . .
. . . . .
Step 5 : CMD ["/usr/local/bin/npm", "start"]
---> Running in 0e01c71faa0b
---> 0f0dd3deae65
Removing intermediate container 0e01c71faa0b
Successfully built 0f0dd3deae65
```

2.4 Dockerfile

앞의 예제들을 통해 이미지를 생성하는 방법을 배웠습니다. 그럼 여러분만의 새로
운 이미지가 필요하거나 이미지를 새로운 버전으로 업데이트해야 할 때는 어떤 방
법을 사용해야 할까요? 새로운 컨테이너를 시작하고 설정한 뒤 커밋하는 반복적
인 작업들을 해야만 하는데, 아마 자동화된 방식을 원할 것입니다.

Dockerfile은 단순한 텍스트 파일이지만 여러분이 해야 할 반복적인 작업들을 자동으로 수행하도록 도와주기 위한 명령어들이 포함된 텍스트 파일입니다. build 명령어는 Dockerfile로부터 읽어 들인 명령어들을 통해 반복적인 작업을 자동화하며 쉽게 이미지를 만들 수 있습니다.

build 명령어는 Dockerfile과 빌드 컨텍스트를 인자로 받아 명령어를 수행하며 Docker 이미지를 빌드합니다. 여기서 컨텍스트는 로컬 시스템에 있는 파일이 될 수도 있고 원격 저장소에 있는 URL이 될 수도 있습니다.

Dockerfile은 다음과 같이 항목과 인자로 구성되어 있습니다.

```
# 주석은 다음과 같이 사용합니다
항목 인자
```

샵(#)으로 시작하는 모든 줄은 주석으로 처리됩니다. #이 첫 글자가 아닌 다른 곳에 있을 때에는 이를 인자로 받아들입니다. Dockerfile에서 사용하는 항목은 대문자 영어를 사용하지만, 이는 인자와 항목을 쉽게 구분하기 위한 규약일 뿐 대소문자를 구분하지는 않습니다.

그럼 Dockerfile에서 사용할 수 있는 명령어를 살펴봅시다.

2.4.1 FROM

FROM 항목에는 앞으로 사용할 다른 명령어를 실행하기 위한 기본이 될 이미지를 지정합니다. 일반적으로 Dockerfile의 첫 번째 명령어는 FROM 항목을 사용합니다.

```
FROM <이미지>:<태그>
```

여기서 사용할 이미지의 위치는 로컬 또는 원격 저장소 모두 허용됩니다. 로컬에서 해당 이미지를 찾지 못할 경우에는 공용 레지스트리의 이미지를 가져옵니다. FROM 항목에서는 옵션으로 태그를 사용할 수 있는데, 태그 옵션이 주어지지 않은

경우에는 최신 버전을 의미하는 latest가 붙고 잘못된 태그 정보를 입력했을 경우에는 에러를 출력합니다.

2.4.2 MAINTAINER

MAINTAINER 항목에는 이미지를 생성한 사람의 이름을 표기합니다. 생성된 이미지에는 이곳에서 지정한 이름이 설정됩니다.

```
MAINTAINER <name>
```

2.4.3 RUN

RUN 항목에는 FROM으로부터 받은 이미지에서 실행할 명령어들을 지정합니다. 지정된 명령어들은 새로운 레이어 위에서 실행된 후 커밋합니다. 이렇게 생성된 이미지는 Dockerfile 안에 명시된 다음 항목에서 사용됩니다.

RUN 항목은 두 가지 형태가 있습니다.

- RUN <실행될 명령어>
- RUN ["실행될 명령어", "인자 1", "인자 2" …]

첫 번째 형태는 셸에서 실행되는 명령어를 지정하며 구체적으로는 '/bin/bash -c <실행될 명령어>'의 형태로 실행됩니다. 두 번째 형태는 이미지에 '/bin/sh'와 같은 셸이 없을 때 유용하게 사용됩니다.

Docker는 이미지를 빌드할 때 RUN 항목을 통해 생성된 이미지를 캐시로 사용합니다. 따라서 빌드가 중간에 실패하여도 다시 실행할 때는 마지막으로 성공한 지점으로부터 생성된 캐시를 재사용하게 됩니다.

예외로 캐시는 다음과 같은 상황에서는 적용되지 않습니다.

- build 플래그에 no-cache가 지정되었을 경우
- apt-get update 같이 캐시가 불가능한 명령어가 주어졌을 경우 이 명령어를 포함하여

이후에 실행되는 모든 명령어는 기존의 캐시를 사용하지 않고 다시 실행됩니다.
- ADD 또는 COPY 명령어를 실행할 때 Docker는 기존에 생성된 이미지들의 체크섬^{checksum}
  을 계산하여 지정된 컨텍스트가 변경되었을 경우에는 이후에 실행되는 모든 명령어가 기
  존에 생성된 캐시를 사용하지 않습니다.

2.4.4 CMD

CMD 항목에는 컨테이너가 시작한 이후 실행될 명령어나 스크립트를 지정합니다.
CMD 항목은 다음과 같은 형태가 있습니다.

- CMD ["명령어 또는 스크립트", "인자1", "인자2" …]
- CMD ["인자1", "인자2" …]
- CMD 명령어 인자1 인자2

첫 번째는 리눅스의 exec 함수와 많이 닮았으며 Docker에서 권장하는 형태입니
다. 첫 번째 위치에는 실행될 명령어의 경로가 들어가고 나머지 위치에는 해당하
는 인자들이 들어갑니다.

두 번째는 첫 번째 형태에서 실행되어야 할 명령어나 스크립트의 경로가 생략된
형태입니다. 이 형태를 사용하려면 ENTRYPOINT 항목에 실행될 명령어를 추가로
지정해야 합니다.

셸 형태의 명령어를 사용하고 싶다면 마지막 형태의 CMD를 사용하게 됩니다. 이
방식은 RUN과 마찬가지로 '/bin/sh -c 〈실행될 명령어〉' 형태로 실행됩니다.

> **NOTE**
> run 명령어를 사용할 때 이미지에 기록된 CMD 항목을 덮어쓸 수 있습니다.

RUN 항목에 지정된 명령어들은 이미지가 빌드될 때 실행되는 명령어지만, CMD 항
목에 지정된 명령어들은 이미지가 빌드될 때 실행되지 않으며 생성된 이미지로부
터 컨테이너를 시작할 때 실행하게 됩니다. run 명령어를 사용할 때 실행할 명령어
를 지정한 경우에는 CMD 항목에 지정된 명령어들은 덮어쓰여 실행되지 않습니다.

예제로 스타워즈 인트로를 볼 수 있는 Dockerfile을 작성해 보겠습니다.

```
FROM ubuntu:14.04
MAINTAINER shrikrishna
RUN apt-get -y install telnet
CMD ["/usr/bin/telnet", "towel.blinkenlights.nl"]
```

앞에 기재된 항목들을 파일로 저장한 뒤 터미널을 열고 파일이 저장된 위치로 가서 다음 명령어를 실행합니다.

```
$ docker build -t starwars .
```

여러분은 이제 다음과 같은 명령어를 사용할 수 있습니다.

```
$ docker run -it starwars
```

[그림 2-3]은 앞의 명령어를 실행한 결과입니다.

그림 2-3 starwars 실행 화면

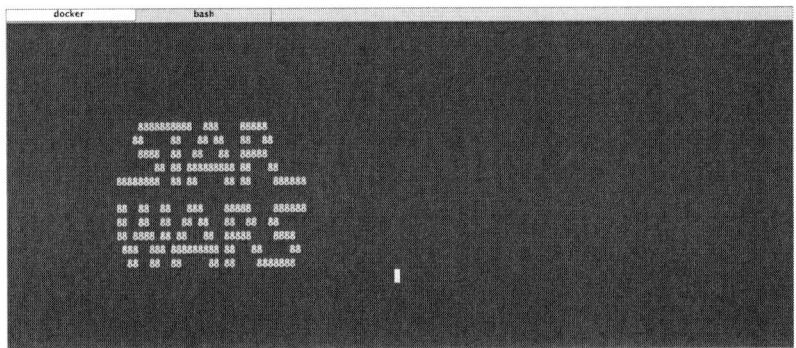

조금 기다리면 여러분은 스타워즈를 여러분의 터미널에서 감상할 수 있습니다.

NOTE

아스키코드로 이루어진 스타워즈 인트로는 사이먼 얀센Simon JansenM, 스탠 스팬즈Sten Spans, 마이크 에드워즈Mike Edwards가 개발한 프로그램입니다. 충분히 봤다고 생각될 때 [Ctrl +] 키를 누르면 프롬프트가 뜨고 close 명령어를 입력한 후 나갈 수 있습니다.

2.4.5 ENTRYPOINT

ENTRYPOINT 항목을 사용하면 여러분의 이미지가 마치 실행 가능한 바이너리인 것처럼 만들 수 있습니다. 즉, ENTRYPOINT 항목에 실행 가능한(명령어 또는 스크립트) 것들을 지정하면 컨테이너를 실행할 때 이 항목에 지정된 명령어 또는 스크립트가 실행됩니다.

ENTRYPOINT 항목은 두 가지 형식이 있습니다.

- ENTRYPOINT ["스크립트 또는 명령어, "인자 1", 인자 2"]
- ENTRYPOINT 명령어 인자1 인자 2

CMD와는 다르게 ENTRYPOINT 항목에 지정된 명령어나 스크립트는 run 명령어로 컨테이너를 실행할 때 명령어를 덮어쓸 수 없으며 -arg 플래그를 통해 ENTRYPOINT에 지정된 명령어나 스크립트에 필요한 인자들을 전달할 수 있습니다.

'cowsay'라는 프로그램을 사용하여 ENTRYPOINT 항목으로 지정한 Dockerfile 을 쓰는 예제를 살펴봅시다.

> **NOTE**
>
> 'cowsay'는 아스키코드로 이루어진 소 모양을 출력하는 프로그램입니다. cowsay는 소 모양 외에도 리눅스의 마스코트인 턱시도를 입은 펭귄과 같은 다른 동물 모양도 아스키코드를 이용하여 출력할 수 있습니다.

폴더를 하나 생성한 후 다음 내용을 'Dockerfile'이라는 이름으로 저장합니다.

```
FROM ubuntu:14.04
RUN apt-get -y update
RUN apt-get -y install cowsay
ENTRYPOINT ["/usr/games/cowsay"]
CMD ["Docker is so awesomooooooooo!"]
```

터미널을 열고 저장된 파일이 있는 위치에서 다음 명령어를 실행합니다.

```
$ docker build -t cowsay .
```

이미지 생성이 완료되면 다음 명령어를 실행합니다.

```
$ docker run cowsay
```

[그림 2-4]는 명령어를 실행했을 때 나오는 결과입니다.

그림 2-4 cowsay 컨테이너 실행 화면

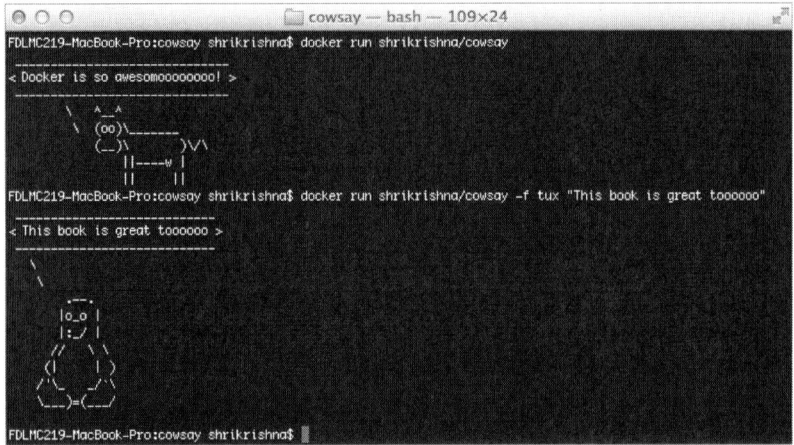

[그림 2-4]에서 첫 번째 실행에는 인자를 주지 않았으므로 Dockerfile 파일 안의 CMD 항목에 지정된 값을 인자로 사용하고 있습니다. 두 번째 실행에는 -f 플래그로 새로운 인자들을 지정하여 CMD 항목에 지정된 값들이 덮어쓰였습니다.

> **NOTE**
>
> 다른 사람을 골탕먹이기를 좋아한다면 http://superuser.com/a/175802에 있는 스크립트를 받아 preexec 함수의 내용을 다음과 같이 설정해 보세요.
>
> ```
> preexec () { cowsay "안녕?"; }
> preexec_invoke_exec () {
>     [ -n "$COMP_LINE" ] && return  # do nothing if completing
>     [ "$BASH_COMMAND" = "$PROMPT_COMMAND" ] && return # don't cause a
>     preexec for $PROMPT_COMMAND
>     local this_command=`HISTTIMEFORMAT= history 1 | sed -e "s/^[ ]*[0-
> 9]*[ ]*//"`;
> ```

```
    preexec "$this_command"
}
trap 'preexec_invoke_exec' DEBUG
```

이 파일을 원하는 컨테이너의 .bashrc에 저장하면 이 파일이 저장된 컨테이너에서 모든 명령어를 실행할 때마다 아스키코드로 그려진 소가 나오게 됩니다.

2.4.6 WORKDIR

WORKDIR 항목에는 이후에 오는 RUN, CMD, ENTRYPOINT에 지정된 작업을 진행하기 위해 이동해야 할 특정 디렉터리를 지정합니다.

```
WORKDIR /path/to/working/directory
```

WORKDIR 항목은 Dockerfile 내에서 여러 번 사용할 수 있는데, WORKDIR에 상대경로가 지정되었을 경우에는 이전의 WORKDIR 항목에 지정된 경로를 기준으로 이동하게 됩니다.

2.4.7 EXPOSE

EXPOSE 항목은 컨테이너가 시작할 때 외부에서 사용할 포트를 지정하기 위해 사용합니다.

```
EXPOSE 포트1 포트2 …
```

EXPOSE 항목에 지정된 포트 이외에도 다른 포트가 필요한 경우가 있는데, run 명령어로 컨테이너를 실행할 때 -p 플래그를 통해 이를 해결할 수 있습니다. 이 항목은 컨테이너들은 연결할 때 매우 유용하며 자세한 내용은 3장 Docker 컨테이너 설정에서 확인할 수 있습니다.

2.4.8 ENV

ENV 항목에는 환경변수를 지정할 수 있습니다.

ENV <키> <값>

환경변수는 <키>와 <값>으로 설정하며 이 값들은 이후 RUN에 지정된 모든 항목에 적용됩니다. run 명령어에서는 <키>=<값>과 같은 형식으로 설정할 수 있습니다.

ENV 항목에 지정된 환경변수들은 컨테이너가 실행된 이후에도 유지됩니다. 이 말은 곧 생성이 완료된 이미지를 컨테이너로 실행하였을 때에도 ENV 항목에서 지정한 환경변수들은 유효하다는 뜻이 됩니다. ENV 항목에 지정된 환경변수들은 inspect 명령어로 확인해볼 수 있습니다. 물론 ENV 항목을 통해 지정된 환경변수들은 run 명령어를 사용할 때 -env <키>=<값>으로 덮어쓸 수 있습니다.

2.4.9 USER

USER 항목은 이 항목 뒤에 오는 명령어 또는 스크립트를 실행할 유저 아이디 또는 UID를 지정합니다. 사용 방법은 다음과 같습니다.

USER <지정할 유저 또는 UID>

2.4.10 VOLUME

VOLUME 항목을 통해 지정된 위치로 호스트 또는 다른 컨테이너의 디렉터리를 마운트할 수 있습니다.

VOLUME [경로]

다음은 실제로 VOLUME 항목을 사용하는 예입니다.

```
VOLUME ["/data"]
```

VOLUME 항목을 사용하는 또 다른 예를 살펴봅시다.

```
VOLUME /var/log
```

두 예의 형식은 다르지만 모두 허용됩니다.

2.4.11 ADD

이미지에 복사할 파일이 필요하다면 ADD 항목을 통해 복사할 수 있습니다.

```
ADD <원본> <목적지>
```

ADD 항목의 <원본>에 지정된 경로에 있는 파일은 <목적지>에 있는 경로로 복사됩니다. <원본>에 지정할 파일이나 디렉터리는 반드시 빌드가 진행 중인 이미지 안의 경로(또는 빌드 컨텍스트로부터 가져올 수 있는)여야 하고, <목적지>에 지정될 경로는 절대 경로거나 이전의 WORKDIR 항목으로부터 지정된 경로의 상대적인 경로여야 합니다.

> **NOTE**
>
> 표준 입력(docker build - < 파일들)으로 이미지를 빌드할 경우 빌드 컨텍스트가 존재하지 않으므로 URL 이외의 경로를 ADD 항목에 지정할 수 없습니다. 이 외에도 타르볼(docker build - < 파일명.tar.gz)을 통해 이미지를 빌드할 때 Dockerfile은 압축된 타르볼의 최상위 경로만을 살펴보며 나머지 하위 경로는 하위 경로에 필요한 데이터가 있기 전까지는 사용되지 않습니다.

ADD 항목에 지정되는 경로는 다음 규칙을 따릅니다.

- <원본> 경로는 반드시 빌드 컨텍스트 안에 있어야 합니다. 따라서 'ADD ../파일'처럼 컨텍스트를 벗어난 위치를 경로로 지정할 수 없습니다.

- 〈원본〉 경로가 URL이고 〈목적지〉 경로가 디렉터리가 아닌 파일이라면 URL에 있는 파일이 〈목적지〉에 지정된 파일로 복사됩니다.
- 〈원본〉 경로가 URL이고 〈목적지〉 경로가 파일이 아닌 디렉터리라면 URL에 있는 파일들이 디렉터리 안으로 복사됩니다. 따라서 이러한 경우에 example.com과 같은 경로는 허용되지 않습니다.
- 〈원본〉 경로가 로컬에 있는 타르볼을 가리키는 경우에는 〈목적지〉 경로로 압축을 해제합니다. 〈목적지〉 경로에 이미 존재하던 파일들은 보존됩니다.
- 압축이 해제된 파일 이름이 〈목적지〉 경로에 있는 파일 이름과 동일한 경우에는 〈목적지〉 경로에 있는 파일을 덮어쓰게 됩니다.
- 〈목적지〉 경로가 존재하지 않을 때는 〈목적지〉 경로를 따라 디렉터리를 계속 생성합니다.

2.4.12 COPY

COPY 항목은 파일을 복사할 때 사용합니다.

COPY 〈원본〉 〈목적지〉

COPY 항목은 ADD 항목과 비슷합니다. 한 가지 다른 점이 있다면 COPY 항목에는 컨텍스트를 벗어난 외부 파일을 지정할 수 없습니다. 따라서 소스 코드 저장소가 아닌 URL이나 표준 입력을 통해 이미지를 빌드할 때는 COPY 항목을 사용할 수 없습니다.

2.4.13 ONBUILD

ONBUILD 항목에는 생성된 이미지가 다른 빌드 과정에서 기본 이미지로 사용될 때 실행될 트리거^trigger를 지정할 수 있습니다.

ONBUILD [항목]

ONBUILD는 이미지 안에 있는 애플리케이션이 실행되기 전에 컴파일이 필요할 때

유용하며 FROM, MAINTAINER, ONBUILD 항목을 제외한 모든 항목이 사용될 수 있습니다.

ONBUILD가 작동하는 방법은 다음과 같습니다.

1. 빌드 과정에서 ONBUILD 항목이 있다면 이 항목에 지정된 또 다른 항목은 트리거로 등록됩니다. 이후 이 정보는 이미지의 메타 데이터에 기록되며 현재 진행 중인 빌드에는 영향을 끼치지 않습니다.

2. 빌드 과정이 끝날 때 생성된 트리거들은 이미지의 메타 데이터 중 'OnBuild'라는 키의 값들로 저장됩니다. 이 값들은 inspect 명령어로 확인할 수 있습니다.

3. 이후 생성된 이미지가 다른 빌드 과정에서 FROM 항목을 통해 기본 이미지로 사용될 때 OnBuild 트리거가 실행됩니다. 이 트리거 중 하나라도 실패하면 FROM 항목이 실패한 것으로 간주하며 빌드는 실패합니다. 어떤 실패도 일어나지 않은 경우에는 빌드가 정상적으로 진행됩니다.

4. 트리거가 실행된 이후 생성된 이미지에는 트리거가 생성되지 않습니다. 즉, 생성된 이미지는 기본 이미지의 트리거를 상속받지 않습니다.

cowsay 예제를 다시 한 번 사용해봅시다. 다음 내용은 ONBUILD 항목이 포함된 Dockerfile입니다.

```
FROM ubuntu:14.04
RUN apt-get -y update
RUN apt-get -y install cowsay
RUN apt-get -y install fortune
ENTRYPOINT ["/usr/games/cowsay"]
CMD ["Docker is so awesomooooooooo!"]
ONBUILD RUN /usr/games/fortune | /usr/games/cowsay
```

이제 이 내용을 Dockerfile로 저장한 뒤 터미널을 열고 다음과 같이 실행합니다.

```
$ docker build -t shrikrishna/onbuild .
```

ONBUILD 항목에 지정된 다른 항목이 정상적으로 실행되는지 확인하기 위해 또 다른 Dockerfile을 생성할 차례입니다.

```
FROM shrikrishna/onbuild
RUN apt-get moo
CMD ['/usr/bin/apt-get', 'moo']
```

NOTE

apt-get moo 명령어는 많은 오픈소스 도구에서 찾아볼 수 있는 일반적인 이스터 에그Easter egg 중 하나입니다. 특별한 이유는 없고 단지 재미를 위해 추가했습니다.

앞에서 ONBUILD를 통해 지정한 항목이 잘 작동하는지 다음과 같이 확인할 수 있습니다.

```
$ docker build -t shrikrishna/apt-moo .
Sending build context to Docker daemon 2.56 kB
Sending build context to Docker daemon
Step 0 : FROM shrikrishna/onbuild
# Executing 1 build triggers
Step onbuild-0 : RUN /usr/games/fortune | /usr/games/cowsay
---> Running in 887592730f3d
-----------------------------
/ It was all so different before  \
\ everything changed.           /
-----------------------------
        \   ^__^
         \  (oo)_____
            (__)\       )\/\
                ||----w |
                ||     ||
---> df01e4ca1dc7
---> df01e4ca1dc7
Removing intermediate container 887592730f3d
Step 1 : RUN apt-get moo
```

```
──> Running in fc596cb91c2a
                (__)
                (oo)
          /------\/
         / |    ||
        *  /\---/\
           ~~   ~~
...."Have you mooed today?"...
──> 623cd16a51a7
Removing intermediate container fc596cb91c2a
Step 2 : CMD ['/usr/bin/apt-get', 'moo']
──> Running in 22aa0b415af4
──> 7e03264fbb76
Removing intermediate container 22aa0b415af4
Successfully built 7e03264fbb76
```

이제 여러분이 배운 지식을 이용하여 앞 절에서 직접 생성한 code.it 프로젝트를
위한 Dockerfile을 작성할 차례입니다. Dockerfile은 다음과 같은 형식이 됩니다.

```
# Version 1.0
FROM node
MAINTAINER Shrikrishna Holla <s**a@gmail.com>
WORKDIR /home
RUN git clone https://github.com/shrikrishnaholla/code.it.git
WORKDIR code.it
RUN git submodule update --init --recursive
RUN npm install
EXPOSE 8000
WORKDIR /home
CMD ["/usr/local/bin/node", "/home/code.it/app.js"]
```

이 내용을 원하는 경로에 Dockerfile로 저장합니다.

NOTE

컨텍스트가 필요하지 않은 경우라도 각각의 Dockerfile을 저장하기 위해 개별적인 폴더를 만드는
습관을 들이는 것이 좋습니다. 이 습관은 다른 프로젝트들을 구분하는 데 큰 도움이 됩니다.

http://dockerfile.github.io/에 가면 여러 Dockerfile이 관리되는 방식을 볼 수 있습니다. 물론 한 곳에 많은 RUN 항목을 추가할 수도 있지만, 앞에서 알려드린 것처럼 AUFS가 지원하는 최대 레이어의 개수는 42개입니다. 더 자세한 내용은 https://github.com/docker/docker/issues/1171에서 살펴볼 수 있습니다.

앞 절의 build 명령어를 보다가 이 부분으로 넘어왔다면 이제 다시 되돌아가서 Dockerfile 밖에서 build 명령어가 어떻게 작동하는지를 확인할 수 있습니다.

2.5   Docker의 작업 흐름도

이 장의 마지막 부분까지 왔습니다. 이제 Docker의 일반적인 작업 흐름이 다음과 같이 진행된다는 것을 알 수 있습니다.

1. 실행하려는 애플리케이션의 목록을 준비합니다.

2. 실행하는 애플리케이션의 의존성 또는 환경과 가장 알맞은 기본 이미지를 찾습니다. 공용 저장소 또는 다른 사람의 저장소에서 찾아볼 수 있습니다. 애플리케이션의 최신 버전을 유지하는 일은 매우 중요하므로 관리가 잘 되는 저장소가 필요합니다.

3. 그다음 기본 이미지로부터 애플리케이션을 실행하기까지 필요한 과정들을 마저 진행합니다. 이 과정에는 의존성 패키지 설치, 볼륨 마운트, 소스 코드를 받는 과정들이 필요합니다. 이 과정을 진행할 때는 직접 설치를 진행하거나 Dockerfile을 이용하여 자동화하는 방법이 있습니다(일반적으로는 반복하여 사용할 수 있는 Dockerfile을 추천합니다).

4. 새로운 이미지를 공용 저장소로 푸시하여 다른 사람들이 사용할 수 있게 합니다(물론 그럴 수 없다면 사설 저장소를 사용해야 합니다).

2.6 자동화 빌드 구성

'자동화 빌드^{Automated Build}'란 Docker 허브 또는 BitBucket, GitHub과 같은 곳으로부터 이미지를 받아 자동으로 업데이트하고 빌드하는 과정을 뜻합니다. 여러분은 사용할 저장소에 커밋 훅^{hook}을 추가함으로써 푸시와 커밋을 진행할 때 자동으로 빌드와 업데이트를 수행하게 할 수 있습니다. 따라서 업데이트할 때마다 직접 이미지를 생성한 뒤 저장소로 푸시할 필요가 없게 됩니다.

자동화 빌드를 수행하는 방법은 다음과 같습니다.

1. 자동화 빌드를 구성하기 위해 Docker 허브에 로그인합니다.

그림 2-5 Docker 허브 메뉴

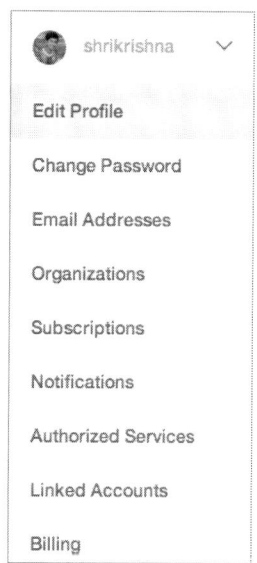

2. 계정 링크(Link Accounts) 항목을 통해 여러분의 Github 또는 BitBucket 계정을 연결합니다.

3. 저장소 추가(Add Repository) 메뉴 안에 있는 자동화 빌드(Automated Build) 항목을 선택합니다.

그림 2-6 Docker 허브의 저장소 관리 화면

4. Dockerfile이 있는 Github 또는 BitBucket 프로젝트를 선택합니다(아마 해당 저장소로부터 권한 요청을 받을 것입니다).

5. Dockerfile과 함께 소스 코드가 저장된 브랜치[branch]를 선택합니다(기본으로는 마스터 브랜치를 사용합니다).

6. 자동화 빌드의 이름을 지정할 차례입니다. 이 이름은 저장소의 이름으로도 사용됩니다.

7. 추가로 붙일 태그를 설정합니다. 기본으로는 lastest 태그를 사용합니다.

8. Dockerfile이 있는 경로를 지정합니다. 기본 경로는 /입니다.

그림 2-7 자동화 빌드 설정 화면

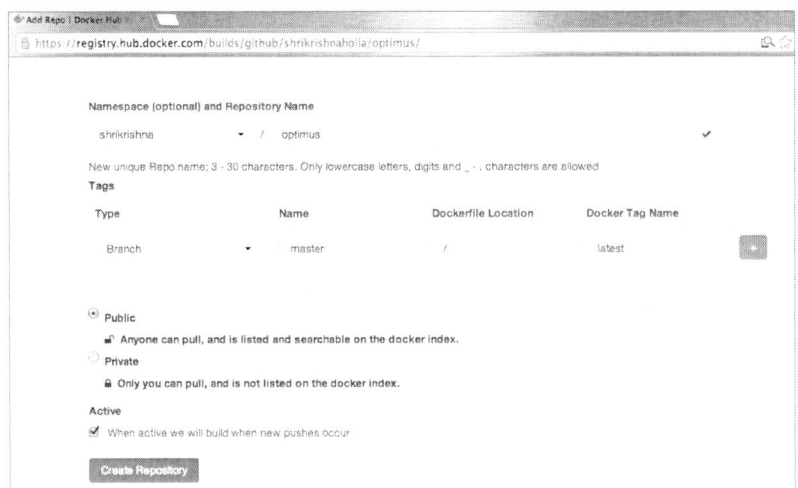

설정이 모두 완료된 이후에 자동화 빌드는 Dockerfile에 명시된 대로 이미지를 생성하고 Docker 허브에서 이 과정을 몇 분 안으로 볼 수 있습니다. 이제 이곳은 Github나 BitBucket 저장소가 업데이트될 때마다 자동으로 업데이트된 이미지를 생성하게 되며 이 과정은 여러분이 직접 자동화 빌드를 비활성화하기 전까지 유지됩니다.

[그림 2-8]과 같이 Docker 허브의 자동화 빌드 항목에서 활성화된 빌드의 상태와 기록을 볼 수 있습니다.

그림 2-8 Docker 허브의 자동화 빌드 항목

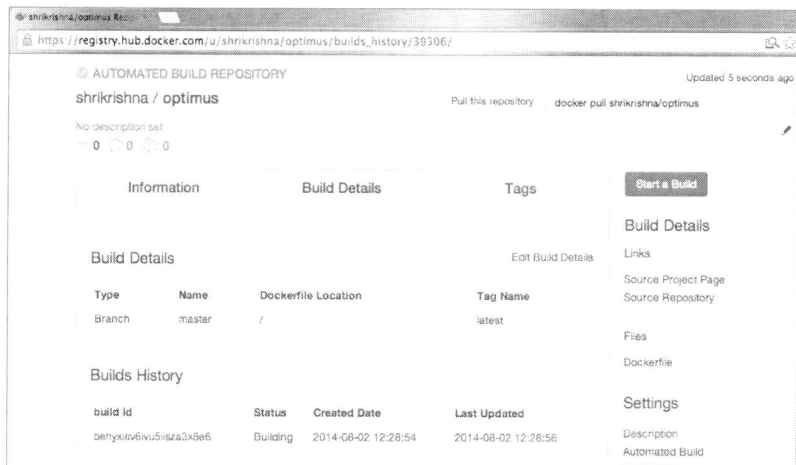

생성된 자동화 빌드는 언제든지 삭제하거나 비활성화할 수 있습니다.

> **NOTE**
>
> 자동화된 빌드가 구성된 저장소에 push 명령어를 사용할 수는 없습니다. 이곳에서는 Github 또는 BitBucket으로부터 생성된 이미지를 관리하는 것만 가능합니다.

하나의 저장소에서 특정 브랜치나 Dockerfile을 따로 지정하여 동시에 여러 개의 자동화 빌드를 구성할 수 있습니다.

2.6.1 빌드 트리거

자동화 빌드는 Docker 허브의 URL로도 트리거가 될 수 있습니다. 이때의 자동화 빌드는 이미 생성된 이미지를 자동화 빌드 요청에 따라 다시 생성하게 됩니다.

2.6.2 웹훅[06]

웹훅Webhook은 자동화 빌드가 성공적으로 이미지를 업데이트할 때 지정된 URL로 JSON 메시지를 전달하는 기능입니다. 일반적으로는 여러분이 알림을 받을 수 있는 서비스를 대상으로 웹훅을 지정하게 됩니다. 웹훅은 다수의 사용자가 지속적으로 협업하는 상황에서 매우 편리한 기능이기도 합니다.

웹훅을 추가하기 위해서는 여러분의 Docker 허브에서 다음과 같은 설정이 필요합니다.

1. 웹훅을 지정할 저장소에서 [그림 2-9]와 같이 웹훅(Webhooks) 메뉴로 갑니다.

그림 2-9 Docker 허브의 저장소 메뉴 화면

2. [그림 2-10]과 같이 웹훅 추가하기(Add Webhook) 버튼을 클릭합니다.

그림 2-10 웹훅 메인 화면

3. 웹훅의 이름과 JSON 데이터를 보낼 URL을 지정한 뒤 생성(Create) 버튼을 클릭합니다.

---

06 역자주_원서에서는 '2.6.2 Webhooks'에 웹훅이 아닌 서비스 추가를 설명하고 있습니다. 이는 2.6.1의 내용과 똑같은 기능을 소개하기 때문에 책의 완성도를 위해 웹훅 가이드를 새로 작성하여 넣었습니다.

그림 2-11 웹훅 추가 화면

4. 모든 설정이 완료되었습니다. 웹훅은 오직 push 명령어가 성공적으로 수행되었을 때만 실행된다는 것을 기억해야 합니다. 웹훅이 전송하는 JSON 데이터는 다음과 같은 형식을 가지고 있습니다.

```
{
    "callback_url": "https://registry.hub.docker.com/u/svendowideit/testhook/hoo
    k/2141b5bi5i5b02bec211i4eeih0242eg11000a/",
    "push_data": {
        "images": [
            "27d47432a69bca5f2700e4dff7de0388ed65f9d3fb1ec645e2bc24c223dc1cc3",
            "51a9c7c1f8bb2fa19bcd09789a34e63f35abb80044bc10196e304f6634cc582c",
            ...
        ],
        "pushed_at": 1.417566161e+09,
        "pusher": "trustedbuilder"
    },
    "repository": {
        "comment_count": 0,
```

```
    "date_created": 1.417494799e+09,
    "description": "",
    "dockerfile": "#\n# BUILD\u0009\u0009docker build -t svendowideit/
    apt-cacher .\n# RUN\u0009\u0009docker run -d -p 3142:3142 -name apt-
    cacher-run apt-cacher\n#\n# and then you can run containers with:\n#
    \u0009\u0009docker run -t -i -rm -e http_proxy http://192.168.1.2:3142/
    debian bash\n#\nFROM\u0009\u0009ubuntu\nMAINTAINER\u0009SvenDowideit@
    home.org.au\n\n\nVOLUME\u0009\u0009[\"/var/cache/apt-cacher-ng\"]\nRUN\
    u0009\u0009apt-get update ; apt-get install -yq apt-cacher-ng\n\nEXPOSE
    \u0009\u00093142\nCMD\u0009\u0009chmod 777 /var/cache/apt-cacher-ng ; /
    etc/init.d/apt-cacher-ng start ; tail -f /var/log/apt-cacher-ng/*\n",
    "full_description": "Docker Hub based automated build from a GitHub repo",
    "is_official": false,
    "is_private": true,
    "is_trusted": true,
    "name": "testhook",
    "namespace": "svendowideit",
    "owner": "svendowideit",
    "repo_name": "svendowideit/testhook",
    "repo_url": "https://registry.hub.docker.com/u/svendowideit/testhook/",
    "star_count": 0,
    "status": "Active"
    }
}
```

2.7 요약

이 장에서는 Docker 클라이언트에서 사용할 수 있는 명령어들을 배웠고 어떻게 작동하는지를 배웠습니다. 그리고 반복적으로 작업을 수행할 수 있는 Dockerfile을 만드는 데 필요한 항목들과 함께 Docker 허브에서 제공하는 자동화 빌드를 사용하여 이를 자동화하는 방법까지 살펴보았습니다.

다음 장에서는 다양한 명령어를 사용하여 컨테이너가 사용하는 자원(CPU, RAM, 디스크 크기 등)을 제한하는 방법 등, 컨테이너를 조금 더 깊게 다루는 방법에 대해 설명하겠습니다.

## chapter 3

Docker 컨테이너 설정

이전 장에서는 Docker에서 사용하는 다양한 명령어들을 살펴보았습니다. 이미지를 가져오거나 컨테이너를 실행한 뒤 새로운 이미지를 생성하여 저장소로 푸시하는 과정들을 배웠고, 자동화를 위한 Dockerfile을 구성하는 방법도 배웠습니다.

이번 장에서는 컨테이너를 다루는 방법에 대해 자세히 살펴보겠습니다. Docker의 컨테이너들은 모두 잘 격리되어 있지만, 격리가 잘 되어 있다고 해서 악의적인 프로세스로부터 시스템 자원을 갉아먹는 행위들을 방지할 수는 없습니다. 예를 들어, 다음 명령어 하나를 소개하겠습니다(절대 이 명령어를 실행해서는 안 됩니다!).

```
$ docker run ubuntu /bin/bash -c ":(){ :|:& };:"
```

포크 폭탄fork bomb이라고도 하는 이 명령어는 실행하는 순간 여러분의 모든 시스템 자원을 갉아먹을 것입니다. 위키피디아Wikipedia에서는 포크 폭탄을 다음과 같이 정의하고 있습니다.

> "포크 폭탄은 끊임없이 자기 자신을 복제하여 모든 시스템의 자원을 고갈하게 해 시스템 장애를 일으키는 서비스 거부 공격denial-of-service attack입니다."

Docker가 상용 소프트웨어의 일부로 사용되기 시작하면서 이와 같이 시스템 자원을 고갈시키는 행위는 매우 치명적이게 될 것입니다. Docker는 이러한 상황을 방지하기 위해 컨테이너가 사용하는 시스템 자원들을 제한하는 기능들을 가지고 있으며 이 기능들이 바로 이번 장에서 살펴볼 내용입니다.

이전 장에서는 Docker를 사용하는 데 필요한 기능만을 간략하게 설명했습니다.

이제 조금 더 깊숙하게 파고들어 가서 무엇이 중요하고 최선인지를 상세하게 설명하겠습니다. 이 외에도 Docker 데몬이 사용하는 스토리지 드라이버도 바꾸어 볼 것입니다.

물론 네트워크에 대한 내용도 설명합니다. 실행 중인 컨테이너를 살펴보면, Docker가 임의로 서브넷^{subnet}을 지정하고 IP 주소를 할당한다는 것을 눈치챌 수 있습니다(기본으로는 172.17.42.0/16을 사용합니다). 이번 장에서는 이러한 설정들을 여러분만의 네트워크 환경으로 변경해봅니다.

다양한 상황에서 컨테이너끼리 통신이 필요할 때가 있습니다(한쪽에서는 애플리케이션이 실행 중이고, 다른 쪽은 DB를 위한 컨테이너가 있을 때와 같은 상황을 예로 들 수 있습니다). 이미지를 생성할 때 IP 주소를 설정할 수 없는 데다가 이를 미리 설정하는 것도 현실적인 방법은 아닙니다. 이에 대해 이번 장에서는 같은 호스트 또는 다른 호스트에서의 컨테이너 간 통신을 해결할 방법을 설명합니다.

앞의 내용을 조금 더 간단하게 정리하면 이 장에서는 다음과 같은 내용을 설명합니다.

- **컨테이너 자원 관리**
  CPU
  메모리
  디스크
- **컨테이너 내부 데이터 관리**
- **스토리지 드라이버 설정**
- **네트워크 설정**
  포트 포워딩
  사설 아이피 설정
- **컨테이너 연결**
  동일한 호스트에서의 컨테이너 연결
  다른 호스트 간 컨테이너 연결

3.1 자원 제한

샌드박싱을 지원하는 소프트웨어에서 할당 가능한 자원을 제한할 수 있게 만드는 것은 매우 중요합니다. Docker는 컨테이너가 실행될 때 사용 가능한 CPU나 메모리 같은 자원을 제한하는 기능을 제공합니다.

3.1.1 CPU 우선순위

컨테이너가 사용할 수 있는 CPU의 우선순위는 run 명령어에서 -c 플래그를 통해 지정할 수 있습니다.

```
$ docker run -c 10 -it ubuntu /bin/bash
```

인자로 받은 숫자(10)는 상대적인 우선순위를 뜻합니다. 기본으로 모든 컨테이너는 동일한 우선순위를 제공받지만, 앞의 예제와 같이 임의의 우선순위를 지정할 수도 있습니다.

실행되는 컨테이너의 CPU 우선순위는 호스트의 터미널에서 다음 명령어를 실행하여 확인할 수 있습니다(윈도우나 OS X 사용자는 SSH로 리눅스 호스트에 접근한 후 사용하면 됩니다).

```
$ cat /sys/fs/cgroup/cpu/docker/<컨테이너 ID>/cpu.shares
```

그럼 이미 실행 중인 컨테이너의 CPU 우선순위를 제어하는 것도 가능할까요? 물론 가능합니다. 앞에서 언급한 우선순위 경로에 원하는 값을 지정하면 됩니다.

```
$ echo 우선순위 값 > /sys/fs/cgroup/cpu/docker/<컨테이너 ID>/cpu.shares
```

> **NOTE**
>
> 앞에서 언급한 경로가 존재하지 않을 때는 다음과 같이 명령어를 실행하여 cgroup이 마운트된 위치를 확인할 수 있습니다.
>
> ```
> cat /proc/mounts | grep -w cpu
> ```

이 방법은 공식적으로 지원하는 방법이 아니지만, 추후 Docker가 실행 중인 컨테이너의 CPU 우선순위를 변경하는 기능을 제공할 가능성은 있습니다. 이와 관련된 내용은 https://groups.google.com/forum/#!topic/docker-user/-pP8-KgJJGg에서 확인할 수 있습니다.

3.1.2 메모리 제한

사용할 수 있는 최대 메모리 양을 제한하는 방법은 CPU 우선순위 변경과 마찬가지로 run 명령어를 수행할 때 -m 플래그를 통해 지정할 수 있습니다.

```
$ docker run -m <값X단위>
```

플래그에 지정할 수 있는 메모리 단위에는 바이트, 킬로바이트, 메가바이트와 기가바이트가 있으며 각각 b, k, m, g로 표기합니다. 메모리 단위는 다음과 같이 사용할 수 있습니다. 이 명령어는 실행되는 컨테이너가 메모리를 최대 1GB까지만 사용할 수 있게 제한합니다.

```
$ docker run -m 1024m -dit ubuntu /bin/bash
```

CPU 우선순위와 마찬가지로 최대로 사용 가능한 메모리는 다음 명령어로 확인할 수 있습니다.

```
$ cat /sys/fs/cgroup/memory/docker/<컨테이너 ID>/memory.limit_in_bytes
18446744073709551615
```

파일 이름에서 알 수 있듯이 이 명령어는 사용 가능한 메모리의 양을 바이트 단위로 출력하는데, 출력된 메모리 양은 1.8×1010 기가바이트로 제한이 없다고 봐도 무방합니다.

그렇다면 컨테이너가 실행 중일 때도 메모리 양을 제한하는 것이 가능할까요? CPU 우선순위와 마찬가지로 cgroup 파일을 수정하는 것으로 실행 중인 컨테이너가 사용할 수 있는 최대 메모리 양을 제한할 수 있습니다.

```
$ echo 바이트 단위 메모리 양 > /sys/fs/cgroup/memory/docker/<컨테이너 ID>/memory.
limit_in_bytes
```

> **NOTE**
>
> 앞에서 언급한 경로가 존재하지 않을 때는 다음 명령어를 실행하여 cgroup이 마운트된 위치를 확인
> 할 수 있습니다.
>
> ```
> $ grep -w cgroup /proc/mounts | grep -w memory
> ```

마찬가지로 이 방법 또한 공식적으로 지원하지는 않지만, 추후 Docker가 실행 중인 컨테이너의 메모리 제한을 변경하는 기능을 지원할 가능성은 있습니다. 이와 관련된 자세한 내용은 https://groups.google.com/forum/#!topic/docker-user/-pP8-KgJJGg에서 확인할 수 있습니다.

3.1.3 디바이스 매퍼를 활용한 디스크 제한

컨테이너가 사용할 수 있는 최대 디스크 크기를 직접 제한하는 방법이 아직까지 없기 때문에 디스크 사용량을 제한하는 방법은 어렵습니다. 기본으로 사용하는 스토리지 드라이버인 AUFS도 일반적으로는 디스크를 제한하는 방법을 제공하지 않습니다(AUFS는 블록 디바이스를 제공하지 않기 때문입니다. 자세한 정보는 http://aufs.sourceforge.net/aufs.html에서 확인할 수 있습니다).

이 책을 쓰는 시점에서 Docker 사용자들은 컨테이너별로 디스크를 제한하는 방법으로 디바이스 매퍼devicemapper 드라이버를 사용합니다. 물론 현재도 공식적으로 디스크 사용량을 제한하는 방법을 개발 중이고, 인젠가는 기능이 추가될 것입니다.

> **NOTE**
>
> 디바이스 매퍼 드라이버는 볼륨 관리를 위한 리눅스 커널 프레임워크로, 블록 디바이스를 높은 수준
> 에서 가상화된 블록 디바이스로 매핑하는 기능을 합니다.

디바이스 매퍼 드라이버는 두 가지 블록 디바이스를 이용하여 하나의 씬 풀thin pool 을 생성합니다. 두 가지 블록 디바이스는 데이터와 메타 데이터를 위해 사용되며 기본으로는 마운트할 때 스파스 파일sparse file들을 루프백loopback 디바이스로 생성 됩니다.

> NOTE
>
> 스파스 파일은 대부분 빈 공간으로 이루어진 하나의 파일입니다. 따라서 100GB가 할당된 스파스 파일이더라도 실제로는 파일의 시작과 끝 부분에만 일부 데이터가 있고, 나머지는 모두 비어 있습니다(사용되지 않은 공간은 실제로 할당되지 않습니다). 그런데도 겉으로는 100GB 모두를 사용하고 있는 것처럼 보입니다. 스파스 파일을 읽을 때 파일 시스템은 공간을 마치 0으로 초기화된 블록을 읽는 것과 같이 변환합니다. 또한, 스파스 파일은 메타 데이터를 통해 파일이 쓰인 부분과 그렇지 않은 부분을 추적할 수 있습니다.
>
> 유닉스와 같은 운영체제에서 루프백 디바이스란 하나의 파일을 블록 디바이스로 만든 가상 디바이스를 뜻합니다.

씬 풀이라 불리는 이유는 실제로 데이터를 쓰기 전까지는 공간을 할당하지 않고 표시만 해두기 때문입니다. 각각의 컨테이너는 정해진 크기의 기본 씬 디바이스를 할당받고, 컨테이너는 이 크기를 넘어서는 데이터를 쓸 수 없습니다.

기본으로 사용할 수 있는 씬 풀의 크기는 100GB입니다. 하지만 씬 풀을 구성하는 루프백 디바이스로 스파스 파일이 사용되므로 실제로 100GB가 할당되지는 않습니다.

각각의 컨테이너와 이미지를 위해 할당되는 디바이스 크기는 10GB입니다. 물론 앞의 이유와 마찬가지로 실제로 10GB가 할당되지는 않습니다. 하지만 물리적으로 사용되는 블록 크기가 점점 커져 디바이스 블록에 할당된 크기를 넘어서게 되면, 디바이스 블록은 더 많은 공간이 필요하다고 인식하고 크기를 점점 늘릴 것입니다.

그렇다면 이 값들을 어떻게 변경할 수 있을까요? Docker 데몬을 실행할 때 --storage-opts 플래그를 통해 스토리지 드라이버 옵션을 변경할 수 있습니다.

NOTE

이번 절에서 설명하는 명령어들을 실행하기 전에 모든 이미지를 save와 stop 명령어로 백업하기 바랍니다. 또한, Docker가 이미지 파일을 저장하는 공간인 /var/lib/docker를 완전하게 비워두어 변경된 스토리지 드라이버로 인해 일어날 수 있는 충돌을 방지할 수 있습니다.

디바이스 매퍼는 다음과 같이 다양한 설정을 제공합니다.

- **dm.basesize** 이 옵션은 컨테이너와 이미지가 기본으로 사용할 디바이스 크기를 지정하는데, 이 크기는 10GB로 지정됩니다. 앞에서 설명했듯이 이 크기는 물리적으로 데이터를 쓰기 전까지는 할당되지 않으며 최대 크기를 채우기 전까지 사용할 수 있습니다. 사용법은 다음과 같습니다.

  ```
  $ docker -d -s devicemapper --storage-opt dm.basesize=50G
  ```

- **dm.loopdatasize** 이 옵션은 최대로 사용할 수 있는 씬 풀(디스크 크기)을 지정합니다. dm.basesize 옵션과 마찬가지로 실제로 데이터를 쓰기 전까지는 할당되지 않으며 최대 크기를 채우기 전까지 사용할 수 있습니다. 사용법은 다음과 같습니다.

  ```
  $ docker -d -s devicemapper --storage-opt dm.loopdatasize=1024G
  ```

- **dm.loopmetadatasize** 앞에서 언급했듯이 씬 풀은 두 가지의 블록 디바이스로 구성됩니다. 하나는 데이터를 위한 블록이고, 다른 하나는 메타 데이터를 위한 블록으로 사용합니다. 이 옵션은 메타 데이터를 위한 블록 크기를 지정할 때 사용합니다. 기본으로는 2GB를 할당하며 다른 옵션과 마찬가지로 스파스 파일을 사용하므로 실제로는 사용한 만큼만 할당됩니다. 메타 데이터를 위한 블록 크기는 대부분 전체 풀 크기의 1% 정도를 사용하는 편이 좋습니다. 사용법은 다음과 같습니다.

  ```
  $ docker -d -s devicemapper --storage-opt dm.loopmetadatasize=10G
  ```

- **dm.fs** 이 옵션은 기본 디바이스가 사용할 파일 시스템 타입을 지정합니다. ext4와 xfs 파일 시스템을 지원하며, 기본으로는 ext4를 사용합니다. 사용법은 다음과 같습니다.

  ```
  $ docker -d -s devicemapper --storage-opt dm.fs=xfs
  ```

- **dm.datadev** 이 옵션은 루프백 디바이스 대신 씬 풀에서 사용할 블록 디바이스를 지정합니다. 이 옵션을 사용할 경우에는 루프백 디바이스를 완벽하게 제외하기 위해 메타 데이터를 위한 블록 디바이스까지 같이 지정하는 것이 좋습니다. 사용법은 다음과 같습니다.

```
$ docker -d -s devicemapper —storage-opt dm.datadev=/dev/sdb1
—storage-opt dm.metadatadev=/dev/sdc1
```

이곳에 소개되지 않은 디바이스 매퍼 옵션들과 이들이 어떻게 작동하는지에 대한 설명은 https://github.com/docker/docker/blob/master/daemon/graphdriver/devmapper/README.md에서 살펴볼 수 있습니다. 이 외에 볼만한 문서로는 Docker 컨트리뷰터[Contributor]중 한 명인 제롬 페타조니[Jerome Petazzoni]가 작성한 '디바이스 매퍼를 이용해 Docker 컨테이너 크기를 조절하는 방법[01]'이 있습니다.

> **NOTE**
>
> 스토리지 드라이버를 변경하면 변경하기 전에 생성된 이미지와 컨테이너는 더 이상 보이지 않게 됩니다.

이 장의 첫 부분에서 AUFS는 일반적으로 디스크 크기를 제한할 수 없다고 했습니다. 물론 디스크 크기를 제한할 수 있는 특별한 방법이 있습니다. 이 방법은 ext4 파일 시스템에 기반한 루프백 파일 시스템을 생성하여 볼륨을 마운트하는 과정을 통해 컨테이너가 제한된 크기의 디스크만을 사용하도록 합니다. 명령어는 다음과 같습니다.

```
$ DIR=$(mktemp -d)
$ DB_DIR=$(mktemp -d)
$ dd if=/dev/zero of=$DIR/data count=102400
$ yes | mkfs -t ext4 $DIR/data
$ mkdir $DB_DIR/db
$ sudo mount -o loop=/dev/loop0 $DIR/data $DB_DIR
```

이제 다음과 같이 run 명령어로 컨테이너를 실행할 때 -v를 이용해 $DB_DIR로 생성된 디렉터리를 컨테이너에서 사용할 볼륨으로 지정할 수 있습니다.

```
$ docker run -v $DB_DIR:/var/lib/mysql mysql mysqld_safe
```

---

01 http://jpetazzo.github.io/2014/01/29/docker-device-mapper-resize/

컨테이너 내부 데이터 관리

Docker에서 사용할 수 있는 볼륨은 다음과 같은 특징이 있습니다.

- 볼륨은 컨테이너의 루트 파일 시스템으로부터 분리된 하나의 디렉터리입니다.
- 볼륨은 Docker 데몬에 의해 직접 관리되며 컨테이너끼리 공유가 가능합니다.
- 볼륨은 호스트에 존재하는 디렉토리를 컨테이너 내부에 마운트할 때 사용할 수 있습니다.
- 실행 중인 컨테이너가 이미지로 업데이트될 때 볼륨은 업데이트에 포함되지 않습니다.
- 볼륨은 컨테이너와는 별도로 이루어진 파일 시스템이기 때문에 이미지를 구성하는 레이어에 포함되지 않습니다. 따라서 볼륨을 읽거나 쓰는 행위는 레이어를 통하지 않고 직접 이루어집니다.
- 여러 컨테이너가 하나의 볼륨을 사용하고 있다면 해당 볼륨은 모든 컨테이너가 종료되기 전까지 유지됩니다.

볼륨을 생성하는 방법은 매우 간단합니다. -v 옵션을 주면 볼륨을 생성할 수 있습니다.

```
$ docker run -d -p 80:80 —name apache-1 -v /var/www apache
```

볼륨은 컨테이너 또는 이미지처럼 식별이 가능한 ID가 없습니다. 또한, 컨테이너가 종료될 때 더는 참조되지 않는 볼륨은 소멸하게 됩니다. 이번 절에서는 이러한 상황을 방지하기 위해 데이터 전용 컨테이너를 생성하는 방법을 설명합니다.

> **NOTE**
>
> Docker 1.1 버전부터는 -v 옵션을 통해 호스트의 파일 시스템 전체를 컨테이너로 연결할 수 있게 되었습니다. 사용법은 다음과 같습니다.
>
> ```
> $ docker run -v /:/<마운트 경로> ubuntu:ro ls /<마운트 경로>
> ```
>
> 하지만 보안상의 이유로 컨테이너의 루트(/)경로로 마운트하는 것은 허용되지 않습니다.

3.2.1 데이터 전용 컨테이너

데이터 전용 컨테이너는 아무런 기능 없이 다른 컨테이너가 사용할 수 있는 볼륨

을 제공하는 컨테이너로, 볼륨이 더는 사용되지 않을 때 소멸하는 것을 방지하기
위해 사용합니다.

3.2.2 다른 컨테이너에서 볼륨 사용하기

컨테이너를 실행할 때 -v 옵션을 통해 볼륨을 생성할 수 있지만, --volumes
-from 옵션을 통해 이미 생성된 볼륨을 사용할 수도 있습니다. 이 옵션을 사용할
만한 상황으로는 데이터베이스 백업, 로그 기록, 유저 데이터가 필요한 경우 등이
있습니다.

3.2.3 활용 사례 – Docker에서 MongoDB 사용하기

볼륨을 다른 컨테이너에서 사용해볼 수 있는 사례로는 MongoDB가 있습니다.
상용 단계에서 MongoDB를 사용하려면 MongoDB 뿐만 아니라 cron을 이용
한 자동화, 주기적인 데이터 백업과 같은 부가적인 기능들이 필요합니다.

> **NOTE**
>
> MongoDB는 고성능과 고가용성, 편리한 확장을 제공하는 문서 기반Document-Oriented데이터베이스입
> 니다. 자세한 정보는 http://www.mongodb.org에서 살펴볼 수 있습니다.

다음은 Docker 볼륨으로 MongoDB를 설정하는 방법입니다.

1. 가장 먼저 데이터 전용 컨테이너가 필요합니다. 이 컨테이너는 오직 MongoDB
   가 데이터를 저장하기 위한 볼륨을 유지하는 기능만 수행할 뿐입니다.

   ```
   $ docker run -v /data/db —name data-only mongo echo "MongoDB stores all
   its data in /data/db"
   ```

2. 다음으로 생성된 볼륨을 사용할 MongoDB 서버를 실행합니다.

   ```
   $ docker run -d —volumes-from data-only -p 27017:27017 —name mongodb-
   server mongo mongod
   ```

> **NOTE**
>
> mongod 명령어는 MongoDB 서버를 실행하며 일반적으로는 데몬/서비스 형태로 실행됩니다.
> MongoDB는 27017 포트로 접근할 수 있습니다.

3. 마지막으로 생성할 컨테이너는 MongoDB가 실행된 서버로 연결하여 데이터
를 백업한 뒤 호스트에서 명령어를 실행한 위치로 저장하는 기능을 합니다.

```
$ docker run —rm —name mongo-backup —link mongodb-server:server -v
$(pwd):/backup mongo bash -c 'mkdir -p /backup && cd /backup && mongodump
—host=server'
```

> **NOTE**
>
> 앞에서 살펴본 MongoDB의 활용 사례는 상용 서버에 적용하기에 완벽하지 않습니다. 여러분은 아
> 마 MongoDB의 서버 상태를 주기적으로 살펴볼 수 있는 프로세스가 필요하거나 마지막 예제와 같
> 이 다른 컨테이너에서 MongoDB 컨테이너에 접근할 수 있게 만들어주어야 합니다(이 부분은 3.5
> 컨테이너 연결에서 다시 설명하겠습니다).

3.3 스토리지 드라이버 설정

Docker에서 사용할 스토리지 드라이버를 변경하기 전에 여러분이 가지고 있는
모든 이미지를 save와 stop 명령어로 백업해두기 바랍니다. 모든 이미지를 백업
한 후 /var/lib/docker 디렉터리 안에 있는 모든 파일을 삭제하면 스토리지 드
라이버를 변경할 모든 준비가 끝납니다. 백업해둔 이미지들은 스토리지 드라이버
가 변경된 이후 다시 복원할 수 있습니다.

3.3.1 디바이스 매퍼를 스토리지 드라이버로 사용

스토리지 드라이버를 디바이스 매퍼로 변경하는 방법은 매우 간단합니다.
Docker 데몬을 시작할 때 -s 옵션으로 디바이스 매퍼를 지정하기만 하면 됩니다.

추가로 --storage-opts에서 사용하는 플래그를 통해 다양한 디바이스 매퍼 옵션을 지정할 수 있습니다. 이와 관련된 설명은 3.1.3 디바이스 매퍼를 활용한 디스크 제한을 참고하기 바랍니다.

> **NOTE**
>
> AUFS를 기본으로 지원하지 않는 레드햇/페도라 계열의 리눅스를 사용 중이라면 Docker는 자동으로 디바이스 매퍼를 기본 스토리지 드라이버로 사용합니다.

스토리지 드라이버를 변경한 후 다음 명령어로 제대로 설정되었는지 확인할 수 있습니다.

```
docker info
```

3.3.2 Btrfs를 스토리지 드라이버로 사용하기

Btrfs$^{\text{B-tree file system}}$를 스토리지 드라이버로 사용하려면 먼저 설치부터 시작해야 합니다. 이번에 소개할 예제는 우분투 14.04 운영체제를 사용하고 있다고 가정하고 진행합니다. 하지만 다른 배포 버전의 리눅스에서 사용하는 명령어와 비슷하므로 큰 차이는 없습니다.

다음은 블록 디바이스를 Btrfs 파일 시스템으로 변경하기 위한 단계입니다.

1. 가장 먼저 Btrfs를 사용하기 위해 필요한 패키지들을 설치합니다.

```
# apt-get install -y btrfs-tools
```

2. 그다음은 Btrfs 파일 시스템 타입의 블록 디바이스를 생성할 차례입니다. 이 책에서는 Btrfs 파일 시스템을 사용하기 위한 예제로 1GB의 루프백 디바이스를 사용합니다.

```
# dd if=/dev/zero of=/tmp/btrfs-vol0.img bs=1G count=1
# losetup /dev/loop0 /tmp/btrfs-vol0.img // 사용이 끝나면 umount /dev/loop0
를 통해 장치를 제거합니다.
# mkfs.btrfs /dev/loop0
```

3. 만약 /var/lib/docker를 삭제했다면 디렉터리를 생성합니다(이미지를 백업하지 않은 상태라면 백업을 먼저 한 후 삭제해야 합니다).

```
# mkdir /var/lib/docker
```

4. 이제 Btrfs 블록 디바이스를 /var/lib/docker로 마운트합니다.

```
# mount /dev/loop0 var/lib/docker
```

5. 마운트가 성공했는지 확인합니다.

```
$ mount | grep btrfs
/dev/loop0 on /var/lib/docker type btrfs (rw)
```

이제 -s 옵션과 함께 Docker를 시작하면 됩니다.

```
$ docker -d -s btrfs
```

스토리지 드라이버를 변경한 후 제대로 설정되었는지 다음 명령어로 확인할 수 있습니다.

```
docker info
```

3.4 Docker 네트워크 설정

Docker는 컨테이너별로 독립된 네트워크 환경과 'docker0'라는 가상 인터페이스를 생성하여 컨테이너 간 네트워크 통신과 호스트와 컨테이너 간 네트워크 통신을 관리합니다.

Docker는 run 명령어로 컨테이너를 실행할 때 설정할 수 있는 몇 가지 네트워크 설정이 있습니다.

- **--dns** http://www.docker.io와 같은 URL을 IP 주소로 식별할 수 있는 DNS 서버를 선택합니다.
- **--dns-search** DNS 검색 서버를 선택합니다.

NOTE

http://superuser.com/a/184366에 있는 내용을 참고하면 DNS 검색 서버를 사용할 때는
도메인의 모든 주소를 입력하지 않아도 됩니다. 예를 들어, example.com이 DNS 검색 도메인
으로 지정되면 브라우저에 abc를 입력하는 것만으로 abc.example.com에 해당하는 IP 주소
를 가져올 수 있습니다. DNS 검색 서버는 많은 서브 도메인이 있는 웹 사이트에 자주 접속할 때
유용하게 사용됩니다. 매번 모든 URL을 입력하는 것은 고통스럽기까지 하므로 검색 도메인으로
판단하기 힘든 URL(xyz.ab.com과 같은)을 입력할 경우에는 DNS 검색 서버가 이 URL을 판단
하여 검색 도메인으로 추가합니다.

- **-h 또는 --hostname** 호스트 이름을 설정합니다. 이곳에 지정된 이름은 컨테이너의
  /etc/hosts 경로에 컨테이너의 IP와 함께 등록됩니다.

- **--link** 컨테이너를 시작할 때 줄 수 있는 또 다른 옵션 중 하나입니다. 이 옵션은 다른
  컨테이너의 IP 주소를 몰라도 통신할 수 있게 연결해 주는 기능을 합니다.

- **--net** 컨테이너에 네트워크 모드를 설정합니다. 이 옵션은 다음 4가지 값을 가질 수 있
  습니다.

  bridge docker : 브릿지 위에서 새로운 네트워크를 구성합니다.

  none : 네트워크를 구성하지 않습니다. 따라서 완벽하게 격리된 상태가 됩니다.

  container:<이름¦ID> : 다른 컨테이너의 네트워크 구성을 사용합니다.

  host : 호스트의 네트워크를 사용합니다.

NOTE

호스트의 네트워크를 사용한다는 것은 곧 컨테이너에서 호스트의 모든 서비스에 접근할 수 있다
는 뜻이므로 이 옵션을 사용하면 보안이 취약해집니다.

- **--expose** 호스트에서 컨테이너로 접근할 수 있는 포트를 지정합니다.

- **--publish-all** 호스트에서 컨테이너로 접근할 수 있는 모든 포트를 외부로 노출합니다.

- **--publish** 다음 형식으로 컨테이너로 접근할 수 있는 포트를 외부로 노출합니다.

  IP:호스트_포트:컨테이너_포트 ¦ IP::컨테이너_포트 ¦ 호스트_포트:컨테이너_포트 ¦ 컨테이
  너_포트

NOTE

--dns 또는 --dns-search가 옵션으로 주어지지 않을 경우 컨테이너의 /etc/resolv.conf 파
일은 Docker 데몬이 동작하는 호스트의 dns 설정과 동일하게 변경됩니다.

물론 이 외에도 Docker 데몬을 시작할 때 설정할 수 있는 네트워크 옵션들이 있으며 다음과 같은 형식을 가지고 있습니다.

> **NOTE**
>
> 이 옵션들은 -d를 사용하여 Docker 데몬을 시작할 때만 설정할 수 있으며 한 번 실행한 후로는 변경할 수 없습니다.

- **--ip** 호스트가 사용하는 가상 인터페이스인 docker0의 IP를 변경합니다. 따라서 외부로 노출할 컨테이너 포트들은 이 옵션으로 변경된 IP를 통해 접근할 수 있습니다. 이 옵션은 다음과 같이 사용할 수 있습니다.

```
$ docker -d —ip 172.16.42.1
```

- **--ip-forward** 이 옵션은 참 또는 거짓만을 지정할 수 있습니다. 거짓으로 지정된 경우 Docker 데몬은 컨테이너 간의 패킷 또는 외부로부터 오는 모든 패킷을 받지 않습니다. 따라서 사설 네트워크 망과 같은 격리된 네트워크가 생성됩니다.

> **NOTE**
>
> 이 옵션은 sysctl 명령어로 확인할 수 있습니다.
>
> ```
> $ sysctl net.ipv4.ip_forward
> net.ipv4.ip_forward = 1
> ```

- **--icc** 이 옵션도 참 또는 거짓으로 지정하며 내부 컨테이너와의 통신을 허용할지 결정합니다. 거짓으로 설정하면 각각의 컨테이너는 서로 연결될 수 없으며 독립적인 환경이 구성됩니다. 하지만 HTTP 요청과 같은 표준 프로토콜을 통해 연결은 가능합니다.

> **NOTE**
>
> 컨테이너 간 통신이 필요할 때만 활성화하는 방법은 3.5 컨테이너 연결을 참고하기 바랍니다.

- **-b 또는 --bridge** Docker가 사용하는 인터페이스(docker0) 대신 지정된 브릿지 인터페이스를 사용하게 합니다. 브릿지 생성은 이 책에서 설명하진 않지만 관심이 있다면 http://docs.docker.com/articles/networking/#building-your-own-bridge 에서 자세한 정보를 얻을 수 있습니다.

- **-H 또는 --host** Docker는 기본적으로 RESTful API를 사용하고 데몬은 API 서버로 실행됩니다. 따라서 클라이언트에서 ps나 run 같은 명령어를 실행하면 GET, POST 형태의 요청이 서버로 전달되어 처리됩니다. -H 플래그는 Docker 데몬이 어떤 클라이언트로부터 요청을 받을 것인지 지정할 때 사용됩니다. 이 옵션은 동시에 여러 인자를 받을 수 있으며 다음과 같은 형식을 따릅니다.

TCP 소켓 형식 : tcp://〈호스트〉:〈포트〉

유닉스 소켓 형식 : unix://〈소켓 경로〉

3.4.1 컨테이너와 호스트 간의 포트포워딩 설정

컨테이너는 특별한 설정 없이 호스트 외부로 통신할 수 있습니다. 하지만 반대로 호스트 밖에서 컨테이너와 통신을 하려면 특별한 설정이 필요합니다. 보안 관점에서 보면 왜 그런지 충분히 이해할 수 있습니다. 모든 컨테이너는 가상 인터페이스를 통해 호스트와 연결되어 있어서 기본적으로 외부와는 격리된 상태이기 때문입니다. 하지만 외부와 내부 컨테이너가 반드시 통신해야만 할 때는 어떻게 해야 할까요?

포트 포워딩은 컨테이너의 포트를 외부로 노출하는 가장 쉬운 방법입니다. 따라서 Dockerfile을 생성할 때에도 노출할 포트를 미리 지정하는 것이 바람직한 선택입니다. 초창기 버전의 Docker는 Dockerfile 안에서 연결할 호스트의 포트를 직접 지정하는 것이 가능했습니다. 하지만 이 방법은 이미 실행 중인 컨테이너를 간섭하는 일이 잦기 때문에 더는 사용할 수 없게 되었습니다. 물론 지금도 Dockerfile 안에서 EXPOSE 항목을 이용해 노출할 포트를 지정할 수는 있습니다. 하지만 원하는 포트를 호스트의 포트와 연결하는 것은 컨테이너를 실행할 때만 가능합니다.

컨테이너를 시작할 때 호스트로 연결할 포트를 지정하는 방법은 다음 두 가지가 있습니다.

- **-P 또는 --publish-all** -P 옵션을 지정하여 컨테이너를 실행하면 이미지가 생성될 때

Dockerfile 안에 지정된 EXPOSE 항목에 있는 모든 포트가 개방됩니다. Docker는 개방된 포트들을 49000~49900 사이의 임의의 호스트 포트로 연결해 외부로 노출합니다.

* **-p 또는 --publish** 이 옵션은 Docker에 어떤 포트를 외부로 노출해야 할지를 다음과 같은 형식으로 직접 지정할 수 있습니다(당연한 이야기겠지만 이 형식에서 지정된 호스트의 IP는 호스트의 인터페이스와 연결된 IP 중 하나여야 합니다).

1. docker run -p IP:호스트_포트:컨테이너_포트
2. docker run -p IP::컨테이너_포트
3. docker run -p 호스트_포트:컨테이너_포트

3.4.2 사설 아이피 설정

앞에서 컨테이너의 포트를 호스트 포트로 연결하는 방법과 컨테이너의 DNS를 설정하는 방법, 심지어 가상 인터페이스의 IP를 바꾸는 방법까지 배웠습니다. 하지만 호스트와 컨테이너 간의 네트워크 서브넷Subnet을 구성해야 할 때는 어떻게 해야 할까요? Docker는 RFC 1918을 따르는 사설 주소 공간 내에서의 가상 IP와 서브넷을 제공합니다.

서브넷을 구성하는 것은 놀라울 만큼 간단합니다. Docker 데몬을 실행할 때 --bip 옵션을 지정하여 생성될 컨테이너가 사용할 가상 인터페이스의 아이피 주소와 함께 서브넷을 지정할 수 있습니다.

다음 명령어는 Docker 데몬을 실행하면서 가상 인터페이스의 IP주소를 192.168.0.1로 지정합니다. 또한, IP 주소와 함께 서브넷 범위(192.168.0.0/24)도 같이 지정합니다. 따라서 가상 인터페이스가 사용할 수 있는 IP의 범위는 192.168.0.2부터 192.168.0.254까지 총 252개가 됩니다.

```
$ docker -d --bip 192.168.0.1/24
```

이 외에도 https://docs.docker.com/articles/networking/에서 더욱 다양한 네트워크 설정들을 볼 수 있으니 한번쯤 둘러보는 것을 추천합니다.

3.5 컨테이너 연결

간단한 서버 하나를 위해 컨테이너의 포트를 외부로 노출하는 것은 그리 큰 문제가 되지 않습니다. 하지만 대부분 상용 서비스에서는 개별적으로 통신하는 다양한 모듈이 존재합니다. 데이터베이스를 저장하는 서버를 예로 들면, 이 서버는 절대 외부로 노출되어서는 안 됩니다. 하지만 웹 애플리케이션 서버는 반드시 데이터베이스 서버로 접근할 수 있어야 합니다. 애플리케이션 안에서 컨테이너의 IP를 직접 하드코딩Hardcoding하는 방법도 그리 깔끔한 해결책은 아닌 데다가 IP 주소가 변경될 경우에는 작동하지 않을 수 있습니다. 이런 상황에서는 어떤 해결책이 필요할까요? 이번 절에서는 이와 같은 상황을 해결할 수 있는 방법에 대해 살펴보겠습니다.

3.5.1 동일한 호스트 간 컨테이너 연결

컨테이너를 실행할 때는 --link 옵션으로 연결이 필요한 컨테이너를 지정할 수 있습니다. 다음 명령어는 어떻게 작동할까요?

```
$ docker run —link 컨테이너_이름:별칭 . . .
```

link 옵션이 주어질 경우 Docker는 실행된 컨테이너 안의 /etc/hosts 파일에 연결하려는 컨테이너의 별칭과 IP를 추가합니다.

> **NOTE**
>
> /etc/hosts 파일은 DNS 설정을 덮어 씌울 때 사용하며 IP 주소와 호스트 이름으로 지정할 수 있습니다. 호스트 이름을 식별할 때는 DNS 서버로 요청을 보내기 전 가장 먼저 /etc/hosts 파일을 참조하게 됩니다.

link 옵션은 다음과 같이 사용합니다.

```
$ docker run —name pg -d postgres
$ docker run —link pg:postgres postgres-app
```

첫 번째 명령어는 PostgreSQL 서버(Dockerfile을 사용한다면 PostgreSQL의 기본 포트인 5432를 허용해야 합니다) 컨테이너를 생성합니다. 두 번째 명령어는 'postgres'라는 별칭으로 컨테이너를 연결합니다.

> **NOTE**
>
> PostgreSQL은 오픈소스고, ACID를 완벽하게 지원하는 객체 관계object-relational데이터베이스 시스템입니다.

3.5.2 앰배서더 컨테이너를 이용한 호스트 간 컨테이너 연결

컨테이너를 연결할 때 모든 컨테이너가 동일한 호스트에 있다면 동작하는 데 큰 문제는 없습니다. 하지만 Docker 컨테이너는 여러 호스트에 걸쳐 퍼져 있을 수 있습니다. 이런 상황에서 Docker 데몬은 연결하려는 컨테이너가 다른 호스트에 있으므로 식별할 수 없을 것이고, 3.5.1에서 살펴본 예제는 제대로 작동하지 않을 것입니다. 게다가 링크는 고정적이어서 컨테이너가 다시 시작하게 된다면 IP가 변경되고 모든 연결은 끊어지게 됩니다. 이런 상황에서 활용할 수 있는 간단한 해결책으로는 앰배서더ambassador 컨테이너를 이용하는 방법이 있습니다. [그림 3-1]은 앰배서더 컨테이너를 이용하여 컨테이너를 연결하는 방법을 나타냅니다.

그림 3-1 앰배서더 컨테이너를 이용한 호스트 간 컨테이너 연결

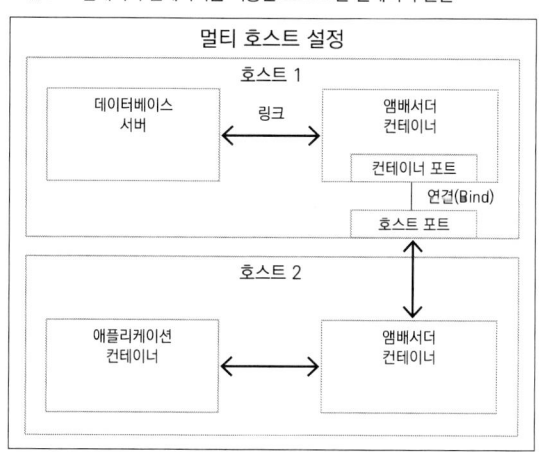

[그림 3-1]에서 호스트 1의 데이터베이스 서버는 앰배서더 컨테이너를 통해 호스트 외부로 통하는 포트를 개방했습니다. 데이터베이스 서버가 변경되어도 호스트 1의 앰배서더 컨테이너만 재시작하면 연결을 유지할 수 있습니다.

활용 사례 – 멀티 호스트 레디스 환경

앰배서더 컨테이너를 활용하는 사례로 progrium/ambassador 저장소의 이미지를 이용한 멀티 호스트 레디스^{Redis} 환경을 구축해보겠습니다. 여러분은 이 저장소 외에도 docker search 명령어나 https://registry.hub.docker.com에서 받은 이미지를 앰배서더 컨테이너로 사용할 수 있습니다.

> **NOTE**
>
> 레디스는 오픈소스로, 네트워크화된 인메모리$^{in-memory}$ 기반의 키-값 데이터 저장소이며 영속성을 가질 수 있습니다. 또한, 고속으로 데이터 I/O를 처리하는 것으로 유명합니다.

이번에 소개할 예제에서는 호스트 1과 호스트 2, 두 개의 호스트를 설정합니다. 호스트 1은 192.168.0.100의 IP 주소를 가지며 격리된(외부 인터넷으로 연결되지 않은) 상태입니다. 호스트 2는 192.168.0.1의 IP 주소를 가지며 격리되지 않은 상태입니다. 이 중 호스트 2가 여러분이 웹 애플리케이션을 실행할 호스트입니다.

> **NOTE**
>
> 이 예제를 진행하려면 두 대의 가상 머신이 필요합니다. Vagrant를 사용한다면 Docker가 설치된 우분투 이미지를 사용하는 것을 추천합니다. Vagrant 버전이 1.5 이상이라면 퓨전^{Phusion}에서 제공하는 우분투 이미지를 사용할 수 있습니다.
>
> ```
> $ vagrant init phusion/ubuntu-14.04-amd64.
> ```

호스트 1

첫 번째 호스트에서는 다음 명령어를 실행합니다. 이 명령어는 레디스 서버를 실행하고 6379 포트(레디스가 서버가 사용하는 기본 포트)를 외부로 개방합니다.

```
$ docker run -d —name redis —expose 6379 redis
```

다음으로는 앰배서더 컨테이너를 생성할 차례입니다. 앰배서더 컨테이너는 레디스 서버와 연결하며 6379 포트를 호스트(192.168.0.100)의 6379 포트로 바인딩합니다(이 포트는 호스트 외부로는 노출된 상태가 아니라는 점을 아셔야 합니다).

```
$ docker run -d —name redis-ambassador-h1 -p 192.168.0.100:6379:6379 —link
redis:redis progrium/ambassadord —links
```

호스트 2

또 다른 호스트(Vagrant를 사용한다면 다른 가상 머신이 됩니다)에서는 다음 명령어를 실행합니다. 이 앰배서더 컨테이너는 목적지(호스트 1)로 지정된 IP의 포트를 리스닝^{listening}합니다. 호스트 1에서 실행 중인 컨테이너는 6379 포트를 호스트 1로 바인딩했으므로 호스트 2에서 호스트 1의 바인딩된 포트로 접근할 수 있습니다.

```
$ docker run -d --name redis-ambassador-h2 --expose 6379 progrium/ambassadord
192.168.0.100:6379
```

이 컨테이너가 바로 호스트 외부로 노출되는 웹 애플리케이션을 실행할 컨테이너가 됩니다. 레디스 서버는 네트워크 내부에서 실행되고 있으므로 외부로부터 공격받을 일은 없습니다.

```
$ docker run -d --name application-container --link redis-ambassador-h2:redis
<실행할 이미지> <명령어>
```

3.6 요약

이번 장에서 CPU, 메모리, 디스크와 같은 컨테이너에서 사용하는 자원들을 제한하는 방법을 배웠습니다. 또한, 볼륨을 사용하는 방법과 컨테이너에서 볼륨을 계속 사용할 수 있게 유지하는 방법도 살펴보았습니다. Docker에서 사용하는 스토리지 드라이버를 변경하는 방법과 다양한 환경에서 필요한 네트워크를 설정하는 방법도 배웠습니다. 마지막으로는 동일한 호스트 간 또는 다른 호스트 간에 컨테이너를 연결하는 활용 사례를 살펴보았습니다.

다음 장에서는 Docker를 사용하여 애플리케이션을 배포하려 할 때 도움이 될만한 접근 방법과 도구들을 소개합니다. 다음 장에서 살펴볼 것들에는 여러 서비스 간의 협업coordination과 서비스 발견, Docker에서 사용 가능한 원격 API가 있습니다. 또한, Docker의 보안에 대해 고려할만한 내용도 살펴보겠습니다.

## chapter 4

자동화와 보안

이제 Docker를 다양한 개발 환경에서 설치하는 방법과 Docker를 사용하는 데 필요한 명령어에 어느 정도 익숙해졌으리라 생각합니다. 또한, Docker가 어떠한 상황에서 사용하기에 적합한지, 특정 환경에서 Docker를 사용해야 할 때 필요한 설정이 무엇인지도 잘 알고 있을 것입니다.

이번 장에서는 상용 애플리케이션을 배포할 때 도움이 될 만한 내용을 위주로 설명합니다. 가장 먼저 살펴볼 것은 Docker에서 사용할 수 있는 원격 API입니다. 상용 서버에 로그인하여 직접 명령어를 실행하는 것은 매우 위험하므로 가장 좋은 방법은 컨테이너들을 관리하고 오케스트레이션orchestration[01]할 수 있는 도구를 사용하는 것입니다. 이미 Docker를 지원하는 오케스트레이션 도구들이 있고, Docker는 1.0 버전 발표와 함께 'libswarm'이라는 새로운 프로젝트를 공개했습니다. 이 프로젝트는 분산된 시스템들을 관리하고 오케스트레이션을 하는 데 필요한 표준 인터페이스들을 제공합니다. 이와 관련한 자세한 내용은 이번 장에서 살펴볼 수 있습니다.

Docker 개발자들은 컨테이너마다 한 개의 프로세스를 실행하는 정책을 권장하지만, 이 정책은 실행 중인 컨테이너를 디버깅해야 할 때와 같은 상황이 왔을 때 까다로워질 수 있습니다. 이번 장에서는 이런 상황을 해결할 수 있게 실행 중인 컨테이너 안에 프로세스를 추가하는inject 방법에 대해 다루겠습니다.

---

01 역자주_오케스트레이션이란 수많은 애플리케이션을 자동으로 생성하고 애플리케이션 간의 협업을 주도하여 복잡한 시스템을 간편화하는 행위를 뜻합니다.

조직이 성장할수록 서비스에는 더 많은 부하가 생기고, 규모 확장에 대해 생각할 때가 오게 됩니다. Docker는 자체로 하나의 호스트 안에서 사용하게 되어있지만 CoreOS에서 개발한 'etcd'와 같은 관리 도구를 사용한다면 수많은 Docker 호스트를 하나의 클러스터에서 실행하고 각각의 호스트에서 실행되는 컨테이너들을 관리할 수 있습니다.

상용 웹 애플리케이션을 사용하는 모든 조직은 보안의 중요성을 인지하고 있습니다. 이 장에서는 Docker 데몬 뿐만 아니라 Docker가 사용하는 리눅스의 다양한 기능의 보안적인 측면을 다룹니다. 이번 장에서 살펴볼 내용을 간단하게 정리하면 다음과 같습니다.

- Docker API
- exec 명령어를 이용하여 실행 중인 컨테이너에 프로세스를 추가하는 방법
- 서비스 발견
- 보안

4.1 Docker 원격 API

Docker 바이너리는 클라이언트 또는 데몬 형태로 실행될 수 있습니다. Docker가 데몬으로 실행될 때는 자기 자신을 unix:///var/run/docker.sock(이 경로는 기본 경로로, 실행 시 변경이 가능합니다)에 있는 유닉스 소켓으로 연결한 후 RESTful API를 통해 명령어를 받습니다. 그리고 클라이언트의 형태로 실행된 Docker는 모든 명령어를 데몬으로 보내는 역할을 합니다(Docker 클라이언트는 RESTful API를 통해 데몬으로 명령어를 전달할 뿐 다른 기능은 없습니다). Docker 데몬과 클라이언트가 동작하는 방식은 [그림 4-1]과 같습니다.

그림 4-1 Docker 데몬과 클라이언트의 동작 방식

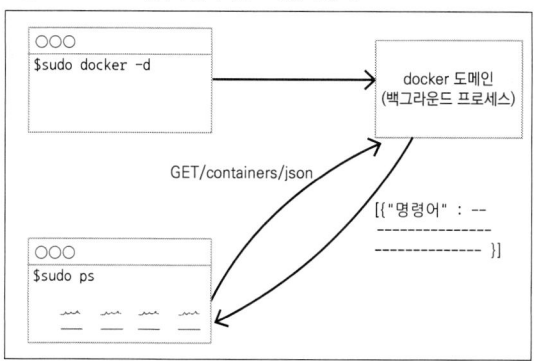

이번 절에서는 이전 장에서 살펴본 명령어들을 클라이언트가 아닌 API를 통해 실행하는 방법을 살펴보겠습니다. API를 테스트하려면 먼저 Docker 데몬이 TCP 소켓을 사용하여 동작하도록 설정을 변경해야 합니다.

```
$ sudo cp /etc/default/docker /etc/default/docker.backup # docker 파일을 백업
합니다.
$ sudo bash -c 'echo DOCKER_OPTS=\"-H tcp://127.0.0.1:2375 \
-H unix:///var/run/docker.sock\" >> /etc/default/docker'
$ sudo service docker restart
$ export DOCKER_DAEMON=http://127.0.0.1:2375 # 또는 여러분의 호스트 IP
```

> **NOTE**
>
> 이 책의 분량상 모든 내용을 설명하기는 어렵고 이미 2장 Docker 명령어와 Dockerfile을 통해 대부분의 명령어를 살펴보았습니다. 따라서 이번 절에서는 일부 API만을 다룹니다. 나머지 API는 http://docs.docker.com/engine/reference/api/docker_remote_api/에서 살펴볼 수 있습니다.

API를 사용해보기 선에 Docker 데몬이 API를 전달받을 수 있는 상태인지 확인해 봅시다.

```
$ curl $DOCKER_DAEMON/_ping
OK
```

이제 모든 준비가 끝났으니 API를 사용해볼 차례입니다.

4.1.1 컨테이너 API

가장 먼저 컨테이너를 생성하고 관리하는 API들을 살펴보겠습니다.

컨테이너 생성

create 명령어는 컨테이너를 생성하며 이에 대한 요청은 다음과 같습니다[02].

```
$ curl \
> -H "Content-Type: application/json" \
> -d '{"Image":"ubuntu", "Cmd":["echo", "I was started with the API"]}' \
> -X POST $DOCKER_DAEMON/containers/create?\
> name=api_container;
{"Id":"4e145a6a54f9f6bed4840ac730cde6dc93233659e7eafae947efde5caf583f
c3","Warnings":null}
```

NOTE

curl 유틸리티는 쉽게 HTTP 요청을 생성하고 응답을 확인할 수 있는 유닉스 프로그램입니다.

앞의 명령어는 /containers/create API로 이미지의 정보와 생성하려는 컨테이너의 정보를 JSON 데이터 형식으로 담아 POST 방식으로 전달합니다. [표 4-1]은 API 요청 시 사용할 수 있는 JSON 파라미터를 보여줍니다.

표 4-1 /containers/create API 요청 시 사용 가능한 JSON 파라미터

파라미터	데이터 형식	설명
config	JSON	실행하고자 하는 컨테이너의 상세 정보를 이곳에 지정합니다.

[표 4-2]는 API 요청 시 사용할 수 있는 쿼리 파라미터를 나타냅니다.

표 4-2 /containers/create API 요청 시 사용 가능한 쿼리 파라미터

파라미터	데이터 형식	설명
name	문자열	이 항목에는 정규 표현식(/?[a-zA-Z0-9_-]+)을 만족하는 컨테이너의 이름이 들어가야 합니다.

---

02 역자주_컨테이너를 생성할 수 없다면 images 명령어로 가지고 있는 이미지의 이름으로 변경하면 됩니다.

API를 요청할 때 받을 수 있는 응답 메시지는 RFC[Request for Comments] 2616을 따르며 [표 4-3]와 같습니다.

표 4-3 /containers/create API 요청 시 받을 수 있는 응답 메시지

응답 코드	의미
201	에러 없음
404	해당하는 컨테이너가 없음
406	컨테이너로 표준 입출력을 연결하는 데 실패(컨테이너가 실행 중이 아님)
500	내부 서버 오류

컨테이너 목록 출력

list 명령어는 컨테이너의 목록을 출력하며 요청은 다음과 같습니다.

```
$ curl $DOCKER_DAEMON/containers/json?all=1\&limit=1

[{"Command":"echo 'I was started with the API'","Created":1407995735,"Id":"9
6bdce1493715c2ca8940098db04b99e3629 4a333ddacab0e04f62b98f1ec3ae","Image
":"ubuntu:14.04","Names":["/api_c ontainer"],"Ports":[],"Status":"Exited (0) 3
minutes ago"}
```

/containers/json API는 GET 방식으로 요청하고, 컨테이너의 모든 정보가 JSON 데이터 형식으로 포함된 응답을 받게 됩니다. all 파라미터를 사용하면 실행 중이 아닌 컨테이너까지 응답에 포함할 수 있고, limit 파라미터를 사용하면 응답으로 오는 컨테이너의 개수를 조절할 수도 있습니다. 이밖에 API 요청 시 응답으로 오는 컨테이너 정보들을 걸러낼 수 있는 파라미터는 [표 4-4]와 같습니다.

표 4-4 /containers/json API 요청 시 사용 가능한 쿼리 파라미터

파라미터	데이터 형식	설명
all	1/True/true 또는 0/False/false	모든 컨테이너를 표시할지를 결정합니다. 일반적으로 실행 중인 컨테이너만 응답에 포함됩니다.
limit	정수(Integer)	가장 최근에 생성된 컨테이너를 지정된 정수만큼 보여주며 실행 중이 아닌 컨테이너도 포함됩니다.
since	컨테이너 ID	지정된 컨테이너 ID 이후로 생성된 컨테이너들을 보여주며 실행 중이 아닌 컨테이너도 포함됩니다.

파라미터	데이터 형식	설명
Before	컨테이너 ID	지정된 컨테이너 ID 이전에 생성된 컨테이너들을 보여주며 실행 중이 아닌 컨테이너도 포함됩니다.
Size	1/True/true 또는 0/False/false	응답 데이터에 컨테이너의 크기를 포함할지를 결정합니다.

API 요청 시 받을 수 있는 응답 메시지는 [표 4-5]와 같습니다.

표 4-5 /containers/json API 요청 시 받을 수 있는 응답 메시지

응답 코드	의미
200	에러 없음
400	올바르지 않은 파라미터 또는 클라이언트 에러
500	내부 서버 에러

이 외에도 이 책에 소개되지 않은 다양한 API는 http://docs.docker.com/ engine/reference/api/docker_remote_api_v1.20/#2-1-containers에 서 찾아볼 수 있습니다.

4.1.2 이미지 API

컨테이너와 마찬가지로 이지미를 생성하고 관리하는 API들도 있습니다.

이미지 목록 출력

다음 명령어는 로컬에 저장된 이미지 목록을 출력합니다.

```
$ curl $DOCKER_DAEMON/images/json
```

[{"Created":1406791831,"Id":"7e03264fbb7608346959378f270b32bf31daca14d15e
9979a5803ee32e9d2221","ParentId":"623cd16a51a7fb4ecd539eb1e5d9778 c90df5b9
6368522b8ff2aafcf9543bbf2","RepoTags":["shrikrishna/apt-moo:latest"],"Size":
0,"VirtualSize":281018623} ,{"Created":1406791813,"Id":"c5f4f852c7f37edcb75a
0b712a16820bb8c729a6 a5093292e5f269a19e9813f2","ParentId":"ebe887219248235
baa0998323342f7f 5641cf5bff7c43e2b802384c1cb0dd498","RepoTags":["shrikrish
na/onbuild:l atest"],"Size":0,"VirtualSize":281018623} ,{"Created":1406789491
,"Id":"0f0dd3deae656e50a78840e58f63a5808ac53cb4 dc87d416fc56aaf3ab90c937",

"ParentId":"061732a839ad1ae11e9c7dcaa183105 138e2785954ea9e51f894f4a8 e0dc146c","RepoTags":["shrikrishna/optimus:g it_url"],"Size":0,"VirtualSi ze":670857276}

/images/json API는 GET 요청 방식으로 메시지를 전달하며 응답으로는 이미지의 상세 정보가 포함된 목록을 받게 됩니다. [표 4-6]은 API 요청 시 함께 보낼 수 있는 쿼리 파라미터입니다.

표 4-6 /images/json API 요청 시 사용 가능한 쿼리 파라미터

파라미터	데이터 형식	설명
all	1/True/true 또는 0/False/false	이미지를 이루는 모든 레이어를 표시할지를 결정합니다. 기본 적으로는 표시하지 않습니다.
filters	JSON	이미지의 정보를 필터링하기 위한 규칙을 지정합니다.

이 외에도 http://docs.docker.com/engine/reference/api/docker_ remote_api_v1.20/#2-2-images에서 이미지와 관련된 더 많은 API를 찾아볼 수 있습니다.

4.1.3 기타 API

Docker는 이미지나 컨테이너를 위한 API 말고도 여러 API를 제공합니다. 예를 들어, 이 절의 첫 부분에서 실행한 ping과 같은 API들이 있습니다. 이번에는 이러한 API를 살펴보겠습니다.

시스템 정보 출력

/info API는 Docker가 설치된 호스트의 시스템 정보를 출력하는 기능을 합니다. 다음과 같이 API를 호출합니다.

```
$ curl $DOCKER_DAEMON/info

{"Containers":41,"Debug":1,"Driver":"aufs","DriverStatus":[["Root Dir","/mnt/
sda1/var/lib/docker/aufs"],["Dirs","225"]],"ExecutionDrive r":"native- 0.2","IP
v4Forwarding":1,"Images":142,"IndexServerAddress":"https://in dex.docker.io/
```

v1/","InitPath":"/usr/local/bin/docker","InitSha1":""," KernelVersion":"3.15.3-tinycore64","MemoryLimit":1,"NEventsListener":0,"NFd":15,"NGoroutin es ":15,"Sockets":["unix:///var/run/docker.sock","tcp://0.0.0.0:2375"]," SwapLimit":1}

컨테이너로부터 이미지 생성하기

다음 명령어는 컨테이너로부터 이미지를 생성합니다.

```
$ curl \
> -H "Content-Type: application/json" \
> -d '{"Image":"ubuntu:14.04", "Cmd":["echo", "I was started with the API"]}' \
> -X POST $DOCKER_DAEMON/commit? \
> container=96bdce149371\&m=Created%20with%20remote%20
api\&repo=shrikrishna/api_image

{"Id":"5b84985879a84d693f9f7aa9bbcf8ee8080430bb782463e340b241ea760a5a 6b"}
```

이와 같이 /commit API는 컨테이너와 커밋에 필요한 정보들을 파라미터로 받아 이미지를 생성하는 기능을 합니다. API를 호출하려면 커밋을 요청할 컨테이너 ID와 커밋 메시지, 저장소와 같은 요소들이 필요하며 이 정보들은 쿼리 파라미터를 통해 전달됩니다.

[표 4-7]은 API 요청 시 사용할 수 있는 JSON 파라미터를 보여줍니다.

표 4-7 /commit API 요청 시 사용 가능한 JSON 파라미터

파라미터	데이터 형식	설명
config	JSON	커밋하려는 컨테이너의 상세 정보를 이곳에 지정합니다.

[표 4-8]은 API 요청 시 사용 가능한 쿼리 파라미터를 보여줍니다.

표 4-8 /commit API 요청 시 사용 가능한 쿼리 파라미터

파라미터	데이터 형식	설명
container	컨테이너 ID	커밋하려는 컨테이너의 ID를 지정합니다.
repo	문자열(String)	이미지가 저장될 저장소를 지정합니다.
Tag	문자열(String)	태그를 지정할 때 사용합니다.

파라미터	데이터 형식	설명
M	문자열(String)	커밋 메시지를 추가할 때 사용합니다.
Author	문자열(String)	커밋한 사람의 정보를 추가할 때 사용합니다.

[표 4-9]는 API 요청 시 받을 수 있는 응답 메시지입니다.

표 4-9 /commit API 요청 시 받을 수 있는 응답 메시지

응답 코드	의미
201	에러 없음
404	지정된 컨테이너 ID와 일치하는 컨테이너가 존재하지 않음
500	내부 서버 에러

이미지 저장

다음 명령어는 저장소에 있는 메타 데이터와 모든 이미지를 타르볼로 만들어 백업하는 명령어입니다. 이 명령어는 모든 이미지를 먼저 압축한 후 클라이언트로 전달합니다. 따라서 시간이 조금 걸릴 수 있습니다.

```
$ curl $DOCKER_DAEMON/images/저장소/경로/get > backup.tar.gz
```

이 외에도 http://docs.docker.com/engine/reference/api/docker_remote_api_v1.20/#2-3-misc에서 다양한 API를 살펴볼 수 있습니다.

4.1.4 run 명령어가 실행되는 과정

앞에서 설명한 API들을 통해 Docker 명령어 대부분이 그저 단순한 RESTful API였다는걸 알게 되었을 것입니다. 이제 run 명령어를 실행할 때 실제로 어떤 일이 일어나는지를 살펴봄으로써 API가 작동하는 구조에 대해 조금 더 깊이 있게 이해할 수 있습니다.

1. 가장 먼저 /containers/create API로 컨테이너 생성을 시도합니다.

2. 응답 코드가 404일 때는 해당하는 이미지가 존재하지 않는다는 것을 뜻합니

다. 이때는 /images/create API를 호출하여 이미지를 먼저 생성합니다.

3. 생성된 컨테이너로부터 컨테이너의 ID를 가져온 후 /containers/〈컨테이너 ID〉/start API를 호출하여 컨테이너를 실행합니다.

API를 호출할 때 사용할 수 있는 파라미터들은 run 명령어를 실행할 당시 인자로 받은 플래그와 옵션에 따라 달라질 수 있습니다.

4.2 실행 중인 컨테이너에 프로세스를 추가하는 방법

Docker를 살펴보는 과정에서 Docker에서 권장하는 '컨테이너당 1개의 프로세스' 정책이 컨테이너가 활용될 수 있는 범위를 스스로 제한하는 건 아닐까 하고 궁금했을 수도 있습니다. 컨테이너가 정말로 하나의 프로세스만을 실행할 수 있다면 이 정책이 이해가 될 수도 있습니다. 하지만 실제로 컨테이너는 동시에 여러 개의 프로세스를 실행할 수 있습니다. 단지 컨테이너는 실행 시 하나의 명령어만을 인자로 받을 수 있고 그 명령어가 종료되는 즉시 종료될 뿐입니다.

이러한 정책이 강조되는 이유는 '컨테이너당 1개의 프로세스' 정책이 Docker의 철학으로 존재하기 때문입니다. Docker를 기반으로 한 애플리케이션 구조는 모든 것을 하나의 컨테이너에 담는 것보다는 여러 컨테이너가 각각 고유한 역할을 하면서 하나의 거대한 서비스로 연결되는 것이 더 의미가 있습니다. 이렇게 분산된 구조는 각 컨테이너를 가볍게 만듭니다. 또한, 디버깅하기 쉬우며 해킹 공격에 대응하기 편리합니다. 하나의 서비스가 멈추더라도 다른 곳은 영향을 받지 않아서 장애 대응에도 긍정적인 측면이 있습니다.

하지만 그럼에도 불구하고 컨테이너가 실행될 때 컨테이너의 내부를 살펴보아야만 하는 상황에 맞닥뜨릴 수 있습니다. 시간이 지나면서 여러 Docker 커뮤니티 사용자들에 의해 실행 중인 컨테이너를 디버깅하는 방법들이 소개되었습니다. 일부 사용자들은 SSH를 컨테이너에 추가해서 컨테이너를 관리하는 방법을 선택하기도 했습니다. 그다음으로는 nsinit이나 nsenter와 같이 실행 중인 컨테이너 안에서 셸을 생성하게 도와주는 도구들이 등장했습니다. 어쨌거나 두 방법 모두 공식적으로 지원되는 해결책은 아닙니다.

1.3 버전 이후 Docker는 exec 명령어로 실행 중인 컨테이너에서 안전하게 디버깅할 방법을 제공하게 되었습니다. exec 명령어는 사용자에게 실행 중인 컨테이너 내부에서 프로세스를 생성하는 기능을 제공하는데, 이 기능은 API와 명령어 형태 모두 제공되며, 명령어는 다음과 같습니다.

```
$ docker run -dit —name exec_example -v $(pwd):/data -p 8000:8000 python2.7
python -m SimpleHTTPServer
$ docker exec -it exec_example bash
```

첫 번째 명령어는 간단한 파일 서버를 가진 컨테이너를 실행하고, 컨테이너는 -d 옵션을 통해 백그라운드에서 실행됩니다. 두 번째 명령어를 실행하면 exec를 사용하여 컨테이너에 bash 셸을 생성하고 로그인합니다. 이제 실행 중인 컨테이너의 상태를 직접 확인할 수 있습니다.

이 외에도 애플리케이션이 생성한 로그를 읽거나 버그를 추적하기 위한 진단 도구를 실행하는 여러 가지 일을 수행할 수 있습니다.

> **NOTE**
> Docker는 아직도 '컨테이너당 1개의 프로세스' 정책을 강조하고 있습니다. exec 명령어는 단지 실행 중인 컨테이너를 직접 살펴보기 위한 도구로 제공될 뿐 이 철학을 깨기 위해 존재하는 것은 아닙니다.

4.3 서비스 발견

Docker는 컨테이너에 IP를 할당할 때 사용 가능한 IP 주소 중 하나를 동적으로 사용합니다. 이 방식은 몇 가지 관점에서 보면 좋은 방법이지만 이미지를 생성할 당시에는 어떤 IP가 사용될지 모르기 때문에 여러 컨테이너가 서로 통신해야 할 때는 문제가 발생하게 됩니다. 가장 먼저 생각할 수 있는 방법은 exec와 같은 명령어를 통해 컨테이너로 접근한 후 직접 IP를 설정하는 것입니다. 그러나 IP 주소는 컨테이너가 다시 시작할 때마다 변경되므로 매번 IP를 변경해야 한다는 단점이 있습니다. 더 좋은 방법은 없을까요? 물론 있습니다.

이번 절에서 설명할 내용인 '서비스 발견Service discovery'은 통신이 가능한 다른 서비스들을 찾는 방법을 서비스에 알려주는 데 필요한 모든 방법을 일컫습니다. 단순히 서비스를 시작했다고 해서 컨테이너가 이를 감지할 수 있는 것이 아닙니다. 서비스 발견은 항상 동적으로 이루어집니다. 서비스 발견은 컨테이너가 같은 호스트 안에 있거나 같은 클러스터 안에 있을 때 동작합니다.

서비스 발견에는 다음 두 방법이 있습니다.

- link 옵션을 사용하여 컨테이너를 연결하는 방법
- etcd 또는 Consul과 같은 데디케이티드dedicated 서비스를 사용하는 방법

4.3.1 link 옵션과 앰배서더 컨테이너를 활용한 컨테이너 연결

3.5 컨테이너 연결에서 이미 컨테이너를 연결하는 방법을 배웠습니다. 기억이 잘 나지 않는 분을 위해 한 번 더 간단하게 살펴보겠습니다.

link를 사용한 컨테이너 연결

link 명령어를 통한 컨테이너 연결은 [그림 4-2]와 같습니다.

그림 4-2 link를 통해 연결된 두 컨테이너

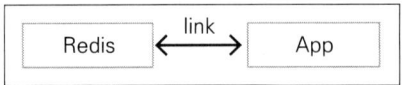

link 옵션을 사용하면 직접 IP 주소를 입력하지 않더라도 하나의 컨테이너에서 다른 컨테이너와 통신이 가능해집니다. 컨테이너가 시작될 때 Docker는 /etc/

hosts 안에 연결하려는 컨테이너의 IP 주소와 컨테이너 이름을 추가하여 다른 컨
테이너와의 연결할 수 있습니다.

컨테이너를 연결하려면 컨테이너를 실행할 때 다음과 같이 --link 옵션을 지정
해야 합니다.

```
$ docker run —link 컨테이너_이름:별칭 . . .
```

좀 더 자세한 내용은 3.5 컨테이너 연결을 참고하시기 바랍니다.

앰배서더 컨테이너를 이용한 호스트 간 컨테이너 연결

[그림 4-3]은 앰배서더 컨테이너를 이용하여 다른 호스트에 있는 컨테이너를 연
결하는 방법을 나타내고 있습니다. 앰배서더 컨테이너는 다른 호스트에 있는 컨테
이너를 연결할 때 사용합니다. [그림 4-3]과 같은 구조라면 애플리케이션 컨테이
너를 다시 시작할 필요 없이 데이터베이스 서버를 변경하거나 바꿀 수 있습니다.

그림 4-3 앰배서더 컨테이너를 이용한 호스트간 컨테이너 연결

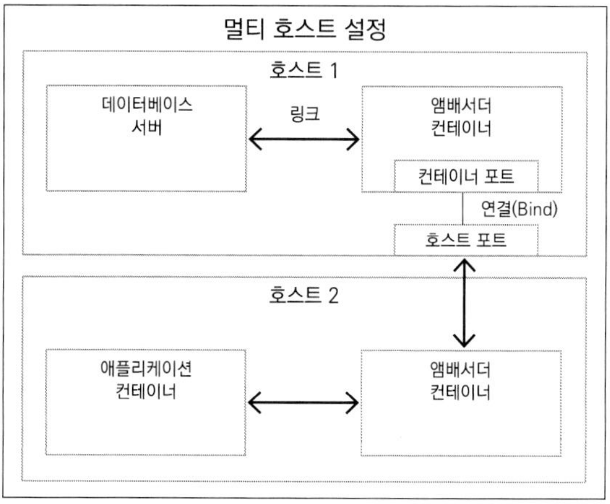

앰배서더 컨테이너에 대한 자세한 내용은 3.5 컨테이너 연결을 참고하시기 바랍
니다.

4.3.2 etcd를 이용한 서비스 발견

굳이 서비스 발견을 위해 특화된 방법이 필요한 이유는 무엇일까요? 앰배서더 컨테이너와 link 옵션만으로도 IP 주소를 알지 못하는 상황에서 컨테이너를 연결할 수 있지만, 한 가지 치명적인 문제가 있습니다. 그것은 바로 컨테이너의 연결 상태를 직접 모니터링해야 한다는 것입니다.

수많은 백엔드backend 서버와 프론트엔드frontend 서버가 앰배서더 컨테이너를 통해 연결된 상황을 상상해 봅시다. 이때 여러 백엔드 서버 중 하나가 동작을 멈추더라도 프론트엔드 서버는 앰배서더를 통해 연결되어 있는 한 동작을 멈춘 백엔드 서버로 계속 연결을 시도하게 됩니다.

etcd나 Consul, Doozer와 같은 좀 더 진보한 서비스 발견 솔루션들은 단순히 IP 주소와 포트만을 제공하는 것뿐만 아니라 분산된 키-값 저장소를 통해 컨테이너를 관리합니다. 따라서 이러한 솔루션들은 컨테이너가 중단되어도 자동으로 복구할 수 있고, 심지어 DLSDistributed Lock Service로도 활용할 수 있습니다.

etcd는 CoreOS에서 개발한 오픈소스 프로젝트로, 분산된 키-값 저장소 서비스입니다. 하나의 클러스터에서 etcd 클라이언트는 클러스터 안에 존재하는 각각의 머신 위에서 실행됩니다. etcd는 네트워크 파티션network partition(두 시스템 사이의 네트워크 연결이 동시에 실패하는 상황)이나 etcd 마스터가 죽었을 때와 같은 상황에서도 적절하게 새로운 마스터를 생성하여 정상적으로 서비스를 유지할 수 있습니다. 애플리케이션들은 etcd 서비스에 데이터를 읽고 쓸 수 있습니다. etcd 서비스는 마치 데이터베이스에 연결 정보, 캐시 설정과 같은 것들을 저장하는 서비스와 같다고 볼 수 있습니다.

etcd 서비스의 장점은 다음과 같습니다.

- 간단하며, curl을 통해 사용할 수 있는 API(HTTP + JSON)
- 클라이언트 인증을 위한 SSL 지원
- TTLTime to Live 키 지원

NOTE

Consul은 etcd를 대체할 수 있는 뛰어난 서비스지만, 두 서비스 중 무엇이 더 뛰어나다고 할 수는 없습니다. 이번 절에서는 단순히 서비스 발견의 개념을 설명하기 위한 용도로 etcd가 선택되었을 뿐입니다.

etcd 서비스를 사용할 때는 다음 두 단계를 거칩니다.

1. 서비스를 etcd에 등록합니다.

2. etcd에서 등록된 서비스가 있는지 찾습니다.

[그림 4-4]는 etcd 서비스의 대략적인 구조를 나타내고 있습니다.

그림 4-4 etcd 서비스 구조

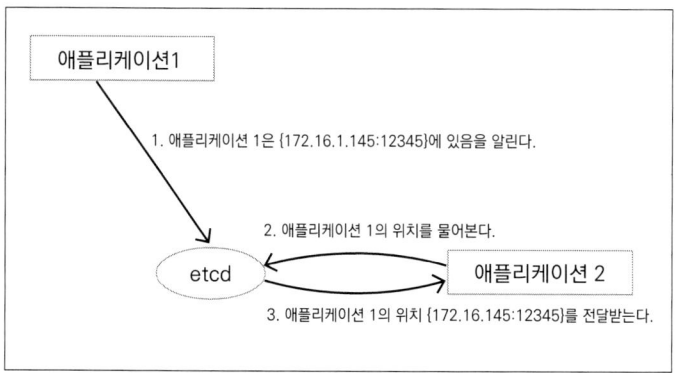

이 구조는 간단해 보입니다. 하지만 장애에 대응하기 위한 구조를 설계하는 것은 간단하지 않습니다. 서비스가 중단되었을 때 즉시 알림을 받을 수 있어야 하고, 실행하는 서비스 발견 솔루션이 중앙 제어 방식이라면 단일 장애점Single Point of Failure이 될 가능성도 있습니다. 이때는 반드시 새로운 마스터를 생성한 후 모든 서비스가 이에 맞춰 동기화되어야만 합니다. CoreOS팀은 이 문제를 해결하기 위해 'Raft'라는 컨센서스consensus 알고리즘을 개발하였습니다. 자세한 내용은 https://raft.github.io/에서 살펴볼 수 있습니다.

이 과정을 조금 더 자세하게 이해하기 위해 예제를 살펴봅시다. 이 예제에서는 컨테이너 안에 etcd 서비스를 실행할 것이며 서비스를 등록하고 발견하는 것이 얼마나 간단한지를 보게 될 것입니다.

1. etcd 서버를 시작합니다.

```
$ docker run --name myetcd -d -p 4001:4001 quay.io/coreos/etcd
-advertise-client-urls http:// <호스트 IP주소>:4001 -listen-client-urls
http://0.0.0.0:4001
```

2. 이미지를 받은 후 다음과 같이 메시지를 등록하는 명령어를 실행합니다.

```
$ curl -L -X PUT http://127.0.0.1:4001/v2/keys/message -d value="Hello"

{"action":"set","node":{"key":"/message","value":"Hello","modifiedIndex":4,"c
reatedIndex":4}}
```

이 요청은 /v2/keys/message 경로로 PUT 요청을 하는 것 외에는 특별한 것이 없습니다(이 예제에서는 message를 키 이름으로 사용합니다).

3. 다음과 같이 등록한 메시지를 가져옵니다.

```
$ curl -L http://127.0.0.1:4001/v2/keys/message

{"action":"get","node":{"key":"/message","value":"Hello","modifiedIndex":4,"c
reatedIndex":4}}
```

값을 바꿔보거나 잘못된 값을 넣어서 etcd가 작동하는 과정을 조금 더 자세하게 알아볼 수 있습니다. 또한, etcd는 응답 데이터 형식으로 JSON을 사용하기 때문에 별다른 라이브러리 없이 쉽게 데이터를 활용할 수도 있습니다.

하지만 이것을 어떻게 활용할 수 있을까요? 여러분의 애플리케이션이 여러 서비스를 실행해야 하고 서로 앰배서더 컨테이너를 통해 연결되어야 한다고 가정합시다. 한 서비스가 중단되거나 사용이 불가능해질 경우 연결을 복구하기 위해 많은 작업이 필요할 것입니다.

이번에는 여러분의 서비스가 etcd를 사용한다고 가정합시다. 모든 서비스는 각각 자신의 IP 주소와 포트 번호를 메시지로 전달하여 다른 서비스가 발견할 수 있게 합니다. 이후 컨테이너가 충돌하거나 사용이 불가능해졌을 때 새로 생성된 컨테이너는 새로운 IP를 가지고 키는 유지하되 값만을 갱신할 것이고 다른 서비스들은 값이 갱신되었다는 신호를 받고 새로운 IP 주소를 사용할 것입니다.

하지만 이와 같이 중앙에서 제어하는 etcd 서비스는 단일 장애점이 될 수 있습니다. 이에 대한 해결책은 여러 etcd 서비스를 실행하는 것입니다. 마스터 etcd 서비스에 장애가 생기면 CoreOS에서 개발한 Raft 컨센서스 알고리즘에 따라 새로운 마스터가 지정됩니다. 이와 관련된 자세한 예제는 http://jasonwilder.com/blog/2014/07/15/docker-service-discovery/에서 살펴볼 수 있습니다.

4.3.3 Docker 오케스트레이션

간단한 애플리케이션이 복잡한 구조로 갈수록 etcd, Consul, Serf와 같은 서비스 관리 도구를 사용하게 되고, 이러한 도구들은 서로 비슷한 기능을 가진 API들을 제공한다는 것도 알게 됩니다. 하지만 한 가지 도구를 사용하다가 다른 도구도 바꿔야 할 때가 온다면 그 비용은 만만치 않을 것입니다. 때로는 코드를 변경해야 할 수도 있고, 심지어는 Docker 자체를 바꿔야 할 수도 있습니다.

Docker는 이러한 문제점을 해결할 수 있는 표준 인터페이스를 제공하기 위해 다양한 오케스트레이션 서비스를 준비하고 있습니다. 다음으로 살펴볼 내용은 바로 이러한 서비스와 관련된 이야기입니다.

4.3.4 Docker Machine

Docker Machine은 단 하나의 명령어만으로 아무것도 없는 상태에서 Docker의 설치부터 실행까지(Zero-to-Docker) 지원하는 서비스입니다.

실제 서버, 가상 머신, 디지털 오션Digital Ocean이나 아마존 웹 서비스AWS, Amazon Web Service와 같은 인프라 제공자로부터 생성한 원격 호스트에서 Docker를 설치하기 위해 여태까지는 직접 운영체제 터미널에 로그인하여 Docker를 설치한 뒤 세부적인 설정을 조정해야 했습니다. 하지만 Docker Machine을 사용하면 노트북, 가상 머신 또는 클라우드 어디서든지 상관없이 단 하나의 명령어만으로 Docker를 설치하고 컨테이너를 사용할 수 있게 준비할 수 있습니다.

다음 명령어를 실행한 이후에는 Docker가 설치된 곳과는 상관 없이 동일한 인터페이스를 통해 여러 Docker를 관리할 수 있으며 Docker에 명령을 직접 내릴 수도 있습니다.

```
$ machine create -d [인프라 제공자] [제공자 옵션] [머신 이름]
```

이 외에도 Machine은 다양한 인프라 제공자들을 지원하기 위해 분리-탈착이 가능한pluggable 백엔드 구조를 가지고 있습니다. 기본으로 Machine은 VirtualBox를 로컬 인프라 제공자로 사용하고, 디지털 오션을 원격 인프라 제공자로 사용합니다.

Docker Machine은 Docker 엔진과는 다른 별도의 프로젝트입니다. Machine 프로젝트의 진행 상황은 Github 페이지[03]에서 자세히 살펴볼 수 있습니다.

4.3.5 Docker Swarm

Docker Swarm은 Docker에서 제공하는 클러스터링 솔루션으로, 여러 곳에 존재하는 Docker 엔진들을 모아 하나의 거대한 가상 Docker 엔진으로 만들어 줍니다. 따라서 여러 곳에 있는 Docker 호스트들을 쉽게 관리할 수 있고 동시에 모든 컨테이너의 행동을 규정하여 자동으로 부하를 관리하고 장애에 대응할 수 있습니다.

컨테이너의 행동을 규정한다는 것은 호스트에서 사용 가능한 자원을 파악함과 동시에 허용 가능한 만큼의 자원을 할당하여 전체 클러스터가 안정적으로 돌아갈 수

---

03 https://github.com/docker/machine

있게 하는 것입니다. 예를 들어, Redis 컨테이너가 1GB의 메모리가 필요할 경우에는 Swarm을 통해 다음과 같이 제한할 수 있습니다.

```
$ docker run -d -P -m 1g redis
```

자원을 제한하는 것 이외에도, Swarm은 표준 또는 임의로 지정한 정책을 기반으로 하여 행동을 규정할 수 있습니다. MySQL 컨테이너는 반드시 SSD를 가진 호스트(더 나은 읽기 및 쓰기 성능을 위해)에서 실행되어야 한다고 했을 때 다음과 같이 규정을 할 수 있습니다.

```
$ docker run -d -P -e constraint:storage=ssd mysql
```

행동을 규정하는 것 말고도 Swarm은 고가용성과 장애에 대한 대응을 제공합니다. Swarm은 지속적으로 모든 컨테이너를 감시합니다. 어느 한 곳에서 컨테이너가 중지되어 서비스를 제공할 수 없는 상태가 되었을 경우에도 자동으로 중지된 컨테이너들을 다시 시작하며, 생성된 컨테이너들이 중지된 컨테이너의 위치로 재조정됩니다. 하지만 그 무엇보다 가장 좋은 Swarm의 특징은 사용하는 호스트나 인스턴스의 개수와는 관계없이 오직 하나의 인터페이스로 모든 것을 관리할 수 있다는 것입니다.

Swarm과 관련된 정보는 Github 저장소[04]에서 자세하게 살펴볼 수 있습니다.

4.3.6 Docker Compose

가장 마지막으로 살펴볼 퍼즐의 조각은 Docker Compose입니다. Machine을 사용하면 어디든지 Docker를 설치할 수 있고, Swarm을 사용하면 이렇게 설치된 Docker를 한 곳에서 관리하고 장애가 생겨도 대응이 가능했습니다. Compose는 바로 Swarm과 같은 환경에서 분산된 애플리케이션들을 쉽게 구성할 수 있게 만들어주는 서비스입니다.

---

04 https://github.com/docker/swarm/

이 모든 것이 어떻게 작동하는지 조금 더 자세히 이해하기 위해 이미 알고 있는 것들과 비교해 봅시다. Machine은 마치 운영체제와 같이 컨테이너를 실행할 수 있는 공간을 제공하는 프로그램처럼 행동합니다. Swarm은 프로그램을 조종하는 런타임 프로그래밍 언어와 같습니다. 자원을 제한하거나 행동을 규정하고, 예외를 처리하고 컨테이너들을 관리합니다.

Compose는 IDE 또는 프로그래밍 언어의 문법과도 같습니다. 이는 프로그램에 필요한 것과 해야 하는 것들을 표현하는 방법을 제공하기 때문입니다. Compose를 사용하면 분산된 애플리케이션이 클러스터 안에서 어떻게 실행되어야 하는지를 명시할 수 있습니다.

Compose는 각각의 컨테이너가 실행되는 데 필요한 설정들을 YAML 형식으로 정의한 파일을 통해 사용할 수 있습니다. 예를 들어, Redis 데이터베이스를 사용하는 파이썬 애플리케이션이 필요하다고 가정한다면 Compose는 다음과 같이 사용할 수 있습니다.

```
containers:
    web:
        build: .
        command: python app.py
        ports:
        - "5000:5000"
        volumes:
        - .:/code
        links:
        - redis
        environment:
        - PYTHONUNBUFFERED=1
    redis:
        image: redis:latest
        command: redis-server —appendonly yes
```

이 예제에서는 두 가지 애플리케이션을 정의했습니다. 하나는 파이썬 애플리케이션으로, Dockerfile로부터 생성한다는 것을 명시하고 있습니다. 5000번 포트를 노출하고 현재 작업 중인 디렉터리를 컨테이너의 볼륨으로 생성하도록 지정하였습니다. 또한, 환경변수를 설정했고 redis 컨테이너를 link를 통해 연결했습니다. 두 번째 컨테이너는 공용 저장소로부터 가져온 redis를 사용하는 컨테이너입니다. 이렇게 적용된 파일은 다음 명령어를 사용하여 두 컨테이너를 실행할 수 있습니다.

```
$ docker up
```

단 하나의 명령어만으로 파이썬은 Dockerfile로부터 빌드되고 공용 저장소로부터 redis를 가져와 실행합니다. 이때 파이썬 컨테이너가 실행되려면 반드시 redis 컨테이너가 연결되어야 하므로 redis 컨테이너가 먼저 생성되어야 합니다.

Compose와 관련된 정보는 Github 저장소[05]에서 자세히 살펴볼 수 있습니다.

4.4 보안

새로운 기술에 투자할 때는 보안이 가장 중요한 이슈로 떠오르게 됩니다. 특히 그 기술이 인프라를 구성하는 흐름에 큰 영향을 끼칠 경우에는 더더욱 중요해집니다. Docker 컨테이너는 다른 시스템을 간섭하지 않기 때문에 가장 안전하다고 볼 수 있으므로 Docker 데몬의 보안을 강화하는 데 중점을 두어야 합니다. Docker 데몬을 데디케이티드 서버와 같은 곳에 두고 서비스(ssh와 cron과 같은 서비스들은 예외)들을 컨테이너로 실행하는 것이 좋은 방법의 하나입니다.

이번 절에서는 Docker가 사용하는 커널 기능 중 보안과 관련된 것들을 다루어 보겠습니다. 또한, Docker 데몬이 하나의 공격 수단이 될 수 있다는 점도 이야기 해볼까 합니다.

---

05 https://github.com/docker/compose

[그림 4-5]는 각각의 리눅스 운영체제가 가진 보안 이슈를 풍자하는 그림입니다.

그림 4-5 데비안-Open SSL 사태를 풍자하는 그림[06]

데비안 - Open SSL 사태 이후,
다른 운영체제에도 치명적인 보안 문제가
발견되었습니다.

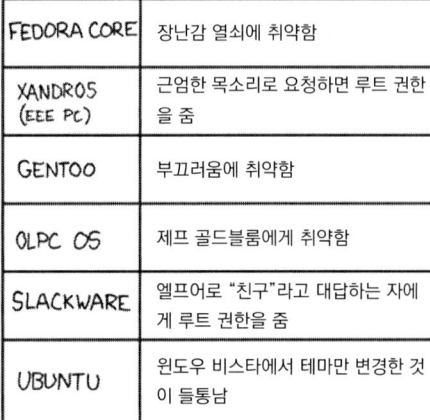

영향을 받는 시스템	보안 문제점
FEDORA CORE	장난감 열쇠에 취약함
XANDROS (EEE PC)	근엄한 목소리로 요청하면 루트 권한을 줌
GENTOO	부끄러움에 취약함
OLPC OS	제프 골드블룸에게 취약함
SLACKWARE	엘프어로 "친구"라고 대답하는 자에게 루트 권한을 줌
UBUNTU	윈도우 비스타에서 테마만 변경한 것이 들통남

역자 NOTE

[그림 4-5]의 '데비안 - Open SSL' 사태는 데비안 기반의 리눅스에서 발견된 치명적인 보안 문제를 뜻합니다. 프로그래머는 다음 구문에서 'buf'라는 변수가 초기화되지 않았다는 것을 컴파일러 경고만을 보고 주석으로 처리하게 됩니다.

```
MD_Update(&m, buf, j);
```

그러나 buf 변수는 난수를 생성하려고 의도적으로 초기화하지 않은 것인데, 결과적으로는 SSL에서 가장 중요한 난수 생성이 제대로 이루어지지 않게 되었습니다.

[그림 4-5]에는 그밖에 다른 운영체제에 대한 풍자를 보여줍니다. OLPC OS 같은 경우는 '인디펜던스 데이'의 한 장면을, SLACKWARE의 경우에는 '반지의 제왕'의 한 장면을 풍자하고 있습니다. 이와 같은 엉뚱한 풍자가 등장한 이유는 단지 데비안이 컴파일러 경고만을 믿고 주석 처리를 했다는 점

---

06 그림 출처: http://xkcd.com/424/, This work is licensed under a CC BY-NC 2.5.

으로 보았을 때 충분히 이해가기도 합니다. 이처럼 보안과 관련된 문제는 대부분 사소한 것으로부터 발생하는경우가 많습니다.

4.4.1 커널 네임스페이스

네임스페이스는 컨테이너에 샌드박싱을 지원하는 기술입니다. 컨테이너가 실행될 때 Docker는 컨테이너를 위해 네임스페이스와 컨트롤 그룹CGROUPS, Control Groups을 생성합니다. 따라서 특정 네임스페이스에 속한 컨테이너는 다른 네임스페이스나 호스트에 속한 컨테이너를 볼 수 없으며, 격리된 상태로 남게 됩니다.

그림 4-6 Docker 컨테이너 구조

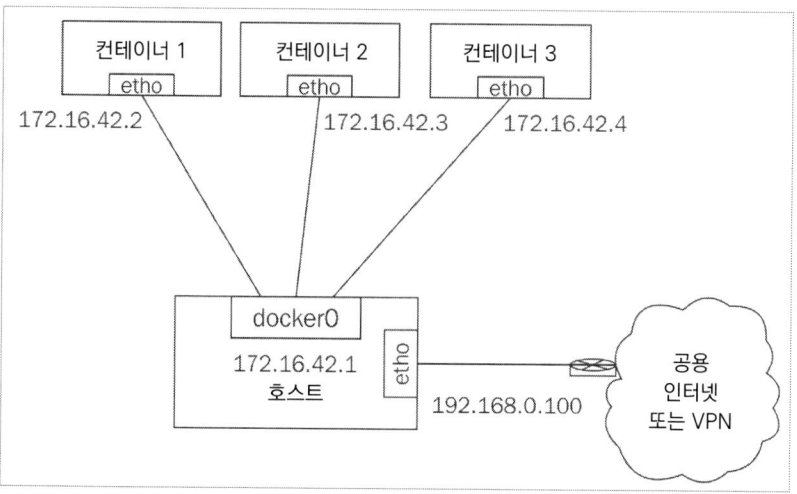

커널 네임스페이스는 이 외에도 컨테이너를 위해 세부적으로 조정이 가능한 네트워크 인터페이스를 생성합니다. 기본으로는 Docker에서 사용하는 브릿지(docker0)를 가상의 라우터로 인식하는 간단한 네트워크를 생성합니다.

네임스페이스의 특징들은 커널 기반의 운영체제 레벨에서 가상화를 지원하는 OpenVZ를 모델로 합니다. OpenVZ는 현존하는 가상 사설 서버 중 가장 비용이 저렴한 솔루션이기도 합니다. OpenVZ는 2005년도쯤 등장하였으며, 네임스페이스는 그 뒤를 이어 2008년도에 커널 기능으로 추가되었습니다. 무엇을 사용할지에 대한 논의는 이후 꾸준히 진행되고 있으며 아직도 끊이질 않고 있습니다.

4.4.2 컨트롤 그룹

컨트롤 그룹은 자원을 관리하는 기능을 제공합니다. 비록 이 기능이 단순한 권한을 조정하는 것밖에는 없지만, 서비스 거부 공격^{DOS, denial-of-service}에 대응할 수 있는 가장 첫 번째 수단으로는 적절한 보안 수단이기도 합니다. 컨트롤 그룹은 오래 전부터 사용되었기 때문에 상용 서비스의 일부로 사용되는 것도 충분히 고려할 만합니다. 컨트롤 그룹에 대한 좀 더 자세한 내용은 https://www.kernel.org/doc/Documentation/cgroups/cgroups.txt를 참고하시기 바랍니다.

4.4.3 컨테이너 안의 루트 권한

컨테이너 안에서의 루트는 실제로 많은 권한이 제한된 상태로 존재합니다. 예를 들어, 일반적으로 컨테이너 안에서는 mount 명령어를 통해 디바이스를 마운트할 수 없습니다. 이와 반대로 --previleged 플래그를 추가한 컨테이너 안에서는 제한없이 모든 활동이 가능합니다. 어떻게 이런 일이 가능한 것일까요?

루트 유저를 다양한 특권을 가진 또 다른 유저로 생각해 볼 수 있습니다. 이러한 특권의 하나로 'net_bind_service'가 있으며 포트 번호와 관계없이 (심지어 1024번 아래쪽이라도) 바인딩할 수 있습니다. 또 다른 특권인 'cap_sys_admin'은 물리적인 드라이버를 마운트하기 위해 필요한 권한을 부여합니다. 이러한 특권들을 케이퍼빌러티^{capability}라 하며, 프로세스가 수행하려는 활동이 허용 가능한지 판단할 수 있는 기준으로 사용됩니다.

Docker 컨테이너는 루트보다 적은 케이퍼빌러티를 가진 상태로 시작합니다. 따라서 루트 권한을 사용할 수는 있음에도 모든 기능이 허용되지는 않습니다. 일반적으로 컨테이너 안에서 루트 권한으로 할 수 없는 활동들은 다음과 같습니다.

* 디바이스 마운트/언마운트

* 로우^{raw} 소켓 생성

* 디바이스 노드를 생성하거나 파일의 소유권을 변경하는 것과 같은 파일 시스템 활동

1.2 버전 이전에는 오직 --previleged 플래그만으로 케이퍼빌러티를 부여할 수 있었습니다. 이후 보안 강화를 위해 --cap-add, --cap-drop, --device와 같이 컨테이너에 필요한 특별한 케이퍼빌러티만을 부여하는 플래그들이 추가되었습니다.

* **--cap-add** 컨테이너에 케이퍼빌러티를 부여하는 플래그입니다. 예를 들어, 컨테이너 안에서 컨테이너의 인터페이스 상태를 변경하는 케이퍼빌러티(NET_ADMIN)는 다음과 같이 부여할 수 있습니다.

  ```
  $ docker run —cap-add=NET_ADMIN ubuntu sh -c "ifconfig eth0 down"
  ```

* **--cap-drop** 이 플래그는 반대로 컨테이너로부터 케이퍼빌러티를 제한하는 역할을 합니다. 이번에는 컨테이너가 chown 명령어를 실행할 수 없도록 케이퍼빌러티(CAP_CHOWN)를 제한해 봅시다. chown 사용이 불가능해지므로 유저를 추가하여도 다음과 같은 에러를 출력하게 됩니다.

  ```
  $ docker run —cap-add=ALL —cap-drop=CHOWN -it ubuntu useradd test
  useradd: failure while writing changes to /etc/shadow
  ```

* **--devices** 가상/외부 디바이스를 직접 컨테이너에 마운트해야 할 때 사용합니다. 1.2 버전 이전에는 --privileged 플래그와 -v 옵션으로 케이퍼빌러티와 함께 볼륨을 지정해야 했지만, --device 플래그를 사용하면 --previleged 플래그 없이도 디바이스를 직접 마운트할 수 있습니다. 그 예로 노트북 또는 데스크탑의 DVD-RW를 컨테이너에 마운트하려면 다음과 같은 명령어가 필요합니다.

  ```
  $ docker run —device=/dev/dvd-rw:/dev/dvd-rw ...
  ```

이와 관련된 자세한 정보는 http://blog.docker.com/tag/docker-1-2/에서 살펴볼 수 있습니다.

1.3 버전에서는 보안을 강화할 수 있는 옵션이 소개되었습니다. --security-opts 플래그가 명령어 옵션으로 추가되면서 임의의 SELinux 또는 AppArmor

설정과 프로파일을 추가할 수 있게 되었습니다. 예를 들어, 아파치가 사용하는 포트만을 허용하게 하는 정책이 필요할 수도 있습니다. 이 정책을 'svirt_apache'라고 했을 때 명령어는 다음과 같습니다.

```
$ docker run —security-opt label:type:svirt_apache -i -t centos bash
```

이 기능의 장점은 SELinux나 AppArmor를 사용하기 위해 --privileged 플래그를 지정하지 않아도 된다는 점입니다. 실행 중인 컨테이너에 --privileged와 같은 플래그로 모든 권한을 부여한다는 것은 잠재적인 보안 위협이 있다는 것을 뜻하기 때문입니다.

이 내용은 http://blog.docker.com/2014/10/docker-1-3-signed-images-process-injection-security-options-mac-shared-directories/를 참고하였으며, 이 외에도 보안과 관련된 자세한 내용을 살펴볼 수 있습니다. 또한, --cap-add와 --cap-drop에서 사용할 수 있는 서비스 케이퍼빌러티의 목록은 https://github.com/docker/docker/blob/master/daemon/execdriver/native/template/default_template_linux.go에서 확인할 수 있습니다.

> **NOTE**
>
> 호기심이 많은 분들을 위해 알려드리면, 리눅스에서 사용 가능한 모든 케이퍼빌러티의 목록은 리눅스 매뉴얼 페이지 또는 온라인 문서(http://man7.org/linux/man-pages/man7/capabilities.7.html)에서 확인할 수 있습니다.

4.4.4 Docker 데몬 공격

Docker 데몬은 컨테이너를 생성하고 관리하기 위해 파일 시스템 생성, IP 주소 할당, 패킷 전달, 프로세스 관리와 같은 다양한 작업을 수행하며, 이러한 작업은 대부분 루트 권한이 필요합니다. 따라서 Docker를 실행할 때는 반드시 sudo를 사용해야 합니다. 0.5.2 버전까지는 기본 통신 방식으로 TCP 소켓을 사용했지만, 이후 유닉스 소켓으로 변경된 것도 보안을 강화하기 위해서였습니다.

Docker가 실현하려는 목표 중 하나는 루트 권한이 필요한 기능들(파일 시스템이 나 네트워크 제어와 같은)을 특수 권한을 사용하도록 변경하여 기능에 제한이 생기지 않으면서도 루트 권한 없이 Docker 데몬을 사용할 수 있게 하는 것입니다. 만약 Docker 데몬이 사용하는 포트를 외부망(원격 API를 사용하기 위해)으로 노출한다면 항상 신뢰할 수 있는 클라이언트만 접근할 수 있게 해야 합니다. Docker를 안전 하게 하기 위한 가장 빠른 방법은 SSL을 사용하는 것인데, 이에 관한 자세한 설정 은 https://docs.docker.com/articles/https에서 확인할 수 있습니다.

4.4.5 보안을 위한 최고의 수칙

이제 Docker를 여러분의 인프라로 사용할 때 지켜야 하는 보안 수칙들을 정리해 보겠습니다.

- Docker 데몬은 항상 데디케이티드 서버에서 실행하는 것이 좋습니다.
- 여러 호스트에서 Docker를 사용하지 않는다면 유닉스 소켓만을 사용하는 것이 좋습 니다.
- 호스트의 디렉터리가 볼륨으로 사용된다면 특별한 관리가 필요합니다. 호스트의 디렉터 리에서 행해진 쓰기는 되돌릴 수 없기 때문입니다.
- TCP 소켓을 사용한다면 반드시 SSL과 함께 사용하는 것이 좋습니다.
- 정말 특별한 이유가 아니라면 컨테이너가 루트 권한을 사용하지 않게 하는 것이 좋습니다.
- 상용 서버에서 컨테이너가 privileged 권한으로 실행되어서는 안 됩니다.
- 특정 권한이 필요하다면 SELinux/AppArmor 프로파일을 활용하는 편이 좋습니다. 이 기능은 호스트에 추가적인 보안 계층을 만들어줍니다.
- 가상 머신과는 다르게 모든 컨테이너는 호스트의 커널을 공유합니다. 따라서 커널 보안 패치는 가능한 최신으로 유지하는 것이 좋습니다.

4.5 요약

이 장의 첫 부분에서는 Docker 환경에서 만들어진 애플리케이션을 배포하는 데 도움될 만한 다양한 도구와 API 그리고 이러한 것들을 사용하는 방법에 대해 배웠습니다. 또한, Docker에서 사용하는 원격 API를 배웠고 Docker에서 사용하는 명령어들은 단지 데몬에 전달하는 RESTful API일 뿐, 실질적인 기능은 데몬에서 처리를 한다는 것도 알게 되었습니다.

그다음으로는 컨테이너를 디버깅하기 위해 프로세스를 추가하는 방법을 배웠습니다. 이후에는 서비스 발견을 위해 필요한 다양한 방법도 살펴보았으며 이러한 방법 중에는 Docker에서 제공하는 기능 중 하나인 link가 있었고, etcd와 같은 키-값 저장소를 이용한 방법도 있었습니다.

마지막으로 살펴본 내용은 Docker의 보안 부분이었습니다. 다양한 커널 기능의 신뢰성과 안정성 그리고 이러한 기능들이 호스트의 컨테이너에 끼치는 영향을 살펴보았습니다.

다음 장에서는 이번 장에서 설명한 내용에서 더 나아가서 Docker를 지원하는 다양한 오픈소스에 대해 살펴봄으로써 Docker 가진 잠재성을 어디까지 끌어낼 수 있는지를 확인할 수 있습니다.

## chapter 5

Docker의 친구들

여태까지는 Docker가 가진 기능만을 배우는 데 바빴습니다. 오픈소스 프로젝트의 수명에 가장 큰 영향을 끼치는 것은 바로 주변을 둘러싼 커뮤니티의 활동입니다. Docker를 개발한 Docker Inc.(dotCloud로부터 분리된)는 Docker뿐만 아니라 Docker의 또 다른 프로젝트인 libcontainer, libchan, Swarm과 같은 프로젝트도 함께 개발하며 유지해나가고 있습니다(모든 프로젝트 목록은 https://github.com/docker/에서 볼 수 있습니다). 하지만 다른 오픈소스 프로젝트보다는 개발 참여가 쉬운 편입니다. 개발은 Github에서 진행 중이며 사용자들이 요청하는 수정사항 대부분을 긍정적으로 받아들이고 있습니다.

IT 산업도 Docker를 긍정적으로 받아들이고 있습니다. 구글, 아마존, 마이크로소프트, 이베이, 레드햇과 같은 대기업들도 Docker를 사용함으로써 기여하고 있습니다. 가장 대중적인 IaaS인 아마존 웹 서비스와 구글 컴퓨트 클라우드와 같은 서비스도 Docker에 최적화된 이미지를 지원하고 있습니다. CoreOS, Drone.io, Shippable과 같은 많은 스타트업 회사들도 Docker를 기반으로 한 서비스를 제공합니다. 따라서 여러분은 Docker가 금방 사라질 기술이라는 걱정은 전혀 할 필요가 없습니다.

이번 장에서는 Docker를 둘러싼 프로젝트를 알아보고 어떻게 사용하는 지에 대해 살펴볼 것입니다. 이미 이런 프로젝트에 익숙할 수도 있겠지만, Docker를 조금 더 쉽게 사용하게 주는 프로젝트들에 대해서도 다루어보겠습니다.

첫 번째로는 Chef와 Puppet에서 Docker를 활용하는 방법에 대해 살펴봅니다. 이 프로젝트를 이미 사용하고 있을 수도 있습니다. 이 과정에서 Chef와 Puppet을 통해 여러분이 사용하는 Docker를 쉽게 자동화하는 방법을 알아봅니다.

그다음으로는 apt-cacher를 설정하는 방법에 대해 살펴봅니다. apt-cacher를 설정하면 Docker 이미지를 빌드할 때 필요한 공용 저장소에서 자주 사용하는 패키지들을 가져올 때 필요한 시간을 매우 줄여줍니다. 이 방법은 특히 Dockerfile로부터 이미지를 빌드할 때 상당한 시간을 줄일 수 있습니다.

초창기의 Docker가 대대적으로 선전한 내용의 하나는 Docker를 사용하여 힘들던 작업들이 얼마나 쉽게 바뀌는지를 설명한 것이었습니다. 이러한 프로젝트의 하나로는 단 100여 줄의 배시 스크립트로 만든, 미니^{Mini} Heroku와 같은 PaaS를 설정해주는 Dokku가 있습니다. 이번 장에서는 Dokku를 사용하여 여러분만의 PaaS를 설정하는 방법을 설명합니다. 이 책의 가장 마지막 부분에서는 CoreOS와 fleet을 활용하여 고가용성 서비스를 배포하는 방법에 대해서도 다루어보겠습니다.

이 책의 마지막 여정에서는 다음과 같은 키워드를 핵심으로 살펴봅니다.

- Chef와 Puppet을 활용한 Docker
- apt-cacher 설정
- 미니 Heroku 설정
- 고가용성 서비스를 배포하는 방법

5.1 Chef와 Puppet을 활용한 Docker

클라우드를 기반으로 하는 서비스에서는 하나의 인스턴스로부터 수백 개의 인스턴스로 확장하는 일이 그리 어렵지 않습니다. 그런데도 수백 개의 인스턴스를 설정하고 관리해야 하는 사실은 변하지 않습니다. 따라서 공용/사설 클라우드에서

애플리케이션 배포를 자동화하기 위한 도구의 수요가 생기게 되었고 이때 Chef
와 Puppet이 뜨기 시작했습니다. 오늘날 많은 스타트업 회사와 기업이 전 세계
에 걸쳐 분산된 클라우드 환경을 관리하기 위해 Chef와 Puppet을 사용하고 있
습니다.

5.1.1 Chef로 활용하는 Docker

Chef 웹 사이트에는 다음과 같은 문구가 있습니다.

> "인프라는 Chef를 통해 코드로 재탄생됩니다. Chef를 통해서 여러분은 빌드와 배포를 자
> 동화할 수 있고 인프라를 쉽게 관리할 수 있습니다. 여러분의 인프라는 버전으로 관리될 수
> 있으며 마치 애플리케이션의 코드처럼 테스트가 가능해지고 반복적으로 사용할 수 있게 됩
> 니다."

여기서는 Chef를 설치하고 Chef를 사용하는 방법에 친숙하다고 가정하고
chef-docker 쿡북cookbook을 통해 Docker를 사용하는 방법에 대해 살펴보겠습
니다. Chef에서 사용하는 쿡북 외에도 쿡북의 의존성을 관리하는 도구를 함께 설
치할 수 있습니다. Berkshelf, Librarian, Knife와 같은 도구에 대한 설치 방법
은 Chef 커뮤니티[01]를 참고하기 바랍니다.

설치와 Docker 설정

Chef를 통해 Docker를 설치하는 방법은 매우 간단합니다. run-list에
recipe[docker] 명령어를 추가하기만 하면 됩니다. 물론 말보다는 예제로 보는
것이 더 좋으니 예제를 살펴보겠습니다. 다음 예제는 Chef를 사용하여 code.it
프로젝트를 Docker 위에서 실행하는 방법입니다.

Chef를 사용한 code.it

다음 Chef 레시피recipe를 통해 code.it 컨테이너를 실행할 수 있습니다.

---

01 https://supermarket.getchef.com/cookbooks/docker

```
# docker 레시피 포함
include_recipe 'docker'

# 최신 버전의 이미지를 사용
docker_image 'shrikrishna/code.it'

# 컨테이너를 실행한 뒤 포트 개방
docker_container 'shrikrishna/code.it' do
    detach true
    port '80:8000'
    env 'NODE_PORT=8000'
    volume '/var/log/code.it:/var/log/code.it'
end
```

주석을 제외한 가장 첫 번째 줄은 Chef에서 Docker를 사용하도록 Chef-Docker 레시피를 포함하는 항목입니다. 그다음 오는 'docker_image 'shrikrisna/code. it'' 항목은 다음과 같이 터미널에서 실행하는 명령어와 동일하다고 볼 수 있습니다.

```
$ docker pull shrikrisna/code.it
```

나머지 항목은 다음 명령어와 동일한 기능을 합니다.

```
$ docker run –d -p '8000:8000' -e 'NODE_PORT=8000' -v '/var/log/code.it:/var/
log/code.it' shrikrishna/ code.it
```

5.1.2 Puppet으로 활용하는 Docker

PuppetLabs 웹 사이트에는 다음과 같은 문구가 있습니다.

> "Puppet은 IT 인프라를 구축하고, 올바른 상태로 유지할 수 있게 도와주는 설정 관리 시스템입니다. 여러분이 관리하는 가상 머신의 개수와 상관없이 시스템 관리자가 수동으로 해야만 하는 작업들은 이제 Puppet을 통해 자동화되며 시스템 관리자는 업무에서 더 가치 있는 일에 시간을 투자할 수 있습니다."

모듈^{module}은 Puppet에서 사용할 수 있는 코드로, Chef의 쿡북과 동일하며 Docker를 지원하는 모듈도 꾸준히 관리되고 있습니다.

Puppet을 통해 Docker를 설치하는 방법은 다음과 같습니다.

```
$ puppet module install garethr-docker
```

Puppet을 사용한 code.it

다음 Puppet 매니패스트^{manifest}를 통해 code.it 컨테이너를 실행할 수 있습니다.

```
# 설치
include 'docker'

# 이미지 다운로드
docker::image {'shrikrishna/code.it':}

# 컨테이너 실행
docker::run { 'code.it-puppet':
    image => 'shrikrishna/code.it',
    command => 'node /srv/app.js',
    ports => '8000',
    volumes => '/var/log/code.it'
}
```

주석을 제외한 가장 첫 번째 줄은 Docker를 위한 모듈을 추가하는 항목입니다.
'docker::image {'shrikrishna/code.it':}' 항목은 다음 Docker 명령어
와 동일한 기능을 합니다.

```
$ docker pull shrikrishna/code.it
```

마찬가지로 이후에 오는 항목들은 다음 명령어와 동일한 기능을 합니다.

```
$ docker run —d -p '8000:8000' -e 'NODE_PORT=8000' -v '/var/log/code.it:/var/log/code.it' shrikrishna/code.it node /srv/app.js
```

5.2 apt-cacher 설정

Docker 서버가 여러 개거나 아무런 연관이 없는 여러 이미지를 동시에 생성해야
할 때 컨테이너가 매번 패키지 저장소에서 패키지를 다운로드하는 상황을 보게 될

것입니다. 동일한 패키지가 많을수록 낭비가 심해지는 이러한 상황은 서버와 클라이언트 사이에서 프록시 서버를 통해 캐시를 저장하는 apt-cacher로 해결할 수 있습니다. 동일한 패키지를 설치하려 할 때 프록시 서버는 이미 캐시로 저장된 패키지를 전달합니다. 따라서 apt-cacher를 사용하면 빌드 과정에서 패키지를 받는 데 사용하는 시간을 크게 줄일 수 있습니다.

프록시 서버로 사용할 apt-cacher가 설정된 Dockerfile은 다음과 같습니다. 이 Dockerfile은 apt-cacher-ng 패키지를 설치한 뒤 이미지로부터 생성된 컨테이너가 사용할 3142 포트(apt-cacher-ng가 사용하는)를 노출합니다.

```
FROM        ubuntu

VOLUME      ["/var/cache/apt-cacher-ng"]
RUN         apt-get update; apt-get install -yq apt-cacher-ng
EXPOSE      3142
RUN         echo "chmod 777 /var/cache/apt-cacher-ng; /etc/init.d/apt-cacher-ng
start; tail -f /var/log/apt-cacher-ng/*" >> /init.sh; chmod +x /init.sh
CMD         ["/bin/bash", "/init.sh"]
```

다음과 같이 이미지를 빌드합니다.

```
$ docker build -t shrikrishna/apt_cacher_ng .
```

이제 다음과 같이 컨테이너를 실행합니다.

```
$ docker run -d -p 3142:3142 —name apt_cacher shrikrishna/apt_cacher_ng
```

로그를 확인해야 할 때는 다음 명령어를 실행합니다.

```
$ docker logs -f apt_cacher
```

5.2.1 apt-cache를 활용한 이미지 빌드

이제 캐시 서버인 apt-cacher가 생겼으니 이를 활용할 차례입니다.

```
FROM    ubuntu
RUN     echo 'Acquire::http { Proxy "http://<호스트 docker0 IP>:3142"; };' >> /etc/
apt/apt.conf.d/01proxy
```

두 번째 항목에서 〈호스트 docker0 IP〉를 호스트 인터페이스의 IP(docker0)로
변경한 뒤 이 파일을 Dockerfile에 포함하기만 하면 됩니다. 이제 apt로 패키지
를 설치할 때 이미 설치했던 패키지라면 패키지 저장소가 아닌 캐시 서버로부터
받은 패키지를 사용하게 되고, 이미지 생성 속도는 캐시 서버를 통하므로 더 빨라
지게 됩니다.

> **NOTE**
>
> apt-cacher는 패키지 관리 도구로 apt를 사용하는 데비안 계열(우분투와 같은)의 리눅스 컨테이너
> 에서만 동작한다는 사실을 기억하기 바랍니다.

5.3 미니 Heroku 설정

이제는 조금 멋진 것을 살펴볼 차례입니다. 아직 익숙하지 않은 독자를 위해 간단
히 설명하자면 Heroku는 PaaS입니다. 애플리케이션을 빌드하고 Heroku Git
서버에 푸시만 하면 할 일은 모두 끝나며 https://www.herokuapp.com을
통해 자동으로 애플리케이션이 배포됩니다. 여러분은 애플리케이션이 어디에서
어떻게 돌아가는지 걱정하지 않으셔도 됩니다. PaaS가 필요한 기술적인 뒷받침
technology stack을 지원하는 이상 애플리케이션을 빌드하고 서버에 푸시하는 것만으
로도 서비스를 시작할 수 있습니다.

이 외에도 Heroku로부터 생겨난 다양한 PaaS 제공 서비스들이 있습니다. 가
장 일반적인 서비스로는 구글 앱 엔진, 레드햇 클라우드, 클라우드 파운드리Cloud
Foundry가 있습니다. Docker는 PaaS를 서비스하는 회사 중 하나인 dotCloud

Inc.에서 개발되었습니다. 대부분의 PaaS는 사전에 준비된 샌드박스 환경에서 애플리케이션을 실행합니다. 그리고 이것이 바로 Docker가 PaaS에 탁월한 이유이기도 합니다.

간단하진 않지만, Docker는 오늘날의 PaaS를 조금 더 쉽게 구성합니다. 이것을 증명하는 프로젝트에는 Dokku가 있습니다. Dokku는 사용 패턴과 명령어 패턴(buildpacks나 slug builder 스크립트와 같은)을 Heroku와 공유하여 PaaS를 더 쉽게 제공합니다. 이번 절에서는 Dokku와 code.it 애플리케이션을 사용하여 간단한 PaaS를 구성해볼 것입니다.

> **NOTE**
>
> 이후 설명할 내용은 가상화 서버 또는 가상 머신 위에서 이루어져야 합니다. 따라서 여러분이 사용하는 호스트는 반드시 SSH와 git 설정이 준비되어 있어야만 합니다.

5.3.1 부트스트래퍼 스크립트를 사용한 Dokku 설치

Dokku[02]을 설치하는 방법 중에 부트스트래퍼bootstrapper 스크립트를 이용하는 방법이 있습니다. 가상 서버 또는 가상 머신 위에서 다음 명령어로 Dokku를 설치할 수 있습니다.

```
$ wget https://raw.github.com/progrium/dokku/v0.4.1/bootstrap.sh
$ sudo DOKKU_TAG=v0.4.1 bash bootstrap.sh
```

부트스트래퍼 스크립트는 Dokku를 설치하는 데 필요한 모든 패키지를 받습니다.

> **역자 NOTE**
>
> 이미 Docker가 설치된 가상 머신이나 가상 서버에서 Dokku을 설치할 경우에는 서비스가 충돌하고 제대로 설치되지 않을 수 있으므로 Docker를 삭제한 뒤 설치하거나 새로운 가상 머신에서 설치하는 것이 좋습니다.

---

02 역자주_Dokku는 우분투 14.04 버전 이상에서만 사용할 수 있으며 더는 12.04 버전을 지원하지 않습니다.

5.3.2 Vagrant를 사용한 Dokku 설치

1. clone 명령어로 Dokku 소스코드를 받습니다.

```
$ git clone https://github.com/progrium/dokku.git
```

2. /etc/hosts 파일을 열어 다음 내용을 추가합니다.

```
10.0.0.2 dokku.app
```

3. ~/.ssh/config를 열고 다음과 같이 SSH 설정을 추가합니다.

```
Host dokku.app
Port 2222
```

4. 다음과 같이 환경 설정을 하여 가상 머신을 생성합니다.

```
# - `BOX_NAME`
# - `BOX_URI`
# - `BOX_MEMORY`
# - `DOKKU_DOMAIN`
# - `DOKKU_IP`

cd path/to/dokku
vagrant up
```

5. 다음 명령어로 SSH 키를 http://dokku.app(/etc/hosts를 통해 10.0.0.2로 지정한) 호스트 안에 있는 dokku-installer로 복사합니다.

```
$ cat ~/.ssh/id_rsa.pub | pbcopy
```

이제 Dokku 설치 화면에서 호스트 이름Hostname을 여러분의 도메인으로 변경합니다. 그다음 '가상 호스트 이름 사용(Use virtualhost naming)'에 체크한 뒤 [설치 마무리(Finish Setup)]를 누르면 여러분의 키가 등록되어 애플리케이션 배포 설정으로 넘어갑니다. 이제 애플리케이션을 배포하기 위한 모든 준비가 끝났습니다.

5.3.3 호스트 이름 설정과 공용 키 추가

Dokku를 통해 배포한 애플리케이션은 서브도메인과 연결되어야 합니다. 이 말은 곧 로컬 호스트와 Dokku가 실행될 호스트 모두 Dokku가 설치된 호스트로 접근할 수 있어야 한다는 뜻이기도 합니다.

가장 먼저 Dokku 호스트를 가리키는 와일드카드(*) 도메인을 설정하고, Dokku를 설치한 후 /home/dokku/VHOST 파일이 생성되었는지 확인해야 합니다. 이 파일이 생성되지 않았다면 호스트 이름이 dig 도구를 통해 인식되지 않았기 때문입니다. 이럴 때는 다음과 같이 호스트 이름을 사용하여 직접 VHOST 파일을 생성해야 합니다. 애플리케이션을 배포할 때 이 파일이 없다면 서브도메인이 아닌 임의의 포트 번호를 기준으로 애플리케이션을 배포하게 됩니다.

```
sudo bash -c 'echo "dokku.app" > /home/dokku/VHOST'
```

이제 로컬 호스트가 Dokku가 설치된 호스트로 접근할 수 있게 도메인을 설정합니다. 이 책에서는 'dokku.app'을 호스트 이름으로 사용하므로 호스트에 있는 /etc/hosts[03]에 다음과 같이 호스트를 추가합니다.

```
10.0.0.2 dokku.app
```

또한, SSH 포트 포워딩을 위해 로컬 호스트의 ~/.ssh/config 파일[04]에 다음 내용을 추가합니다.

```
Host dokku.app
    Port 2222
```

---

03 역자주_ 윈도우 사용자라면 C:\Windows\System32\drivers\etc\hosts에 있습니다.

04 역자주_ 윈도우 사용자는 SSH 클라이언트 설정을 참고하기 바랍니다

NOTE

위키피디아(https://en.wikipedia.org/wiki/Dig_(command))에 의하면 dig^{Domain Information Groper}
는 DNS 네임 서버들을 조회하기 위해 사용되는 네트워크 관리 도구입니다. dig를 사용하면 주어진
URL이 어떤 IP 주소를 가지고 있는지를 알아낼 수 있습니다.

이제 여러분의 공용 SSH 키를 SSH 접속 아이디와 함께 Dokku 호스트로 전송
하는 것만이 남았습니다. SSH 키는 다음과 같이 전송할 수 있는데, 이 명령어에서
'shrikrishna'는 여러분이 사용할 SSH 접속 아이디로, 'dokku.app'은 여러분
이 지정한 호스트 이름으로 변경해야 합니다.

```
$ cat ~/.ssh/id_rsa.pub | ssh dokku.app "sudo sshcommand acl-add dokku
shrikrishna"
```

모든 설정을 마쳤습니다. 이제 애플리케이션을 배포할 차례입니다.

5.3.4 애플리케이션 배포

이제 애플리케이션을 배포할 수 있는 PaaS가 구성되었습니다. 이제 code.it 애
플리케이션을 배포해 보겠습니다. 여러분도 여러분이 가진 애플리케이션을 배포
해 볼 수 있습니다.

```
$ git clone https://github.com/shrikrishnaholla/code.it.git
$ cd code.it
$ git remote add dokku dokku@dokku.app:codeit
$ git push dokku master
Counting objects: 456, done.
Delta compression using up to 4 threads.
Compressing objects: 100% (254/254), done.
Writing objects: 100% (456/456), 205.64 KiB, done.
Total 456 (delta 34), reused 454 (delta 12)
-----> Building codeit ...
Node.js app detected
-----> Resolving engine versions
......
......
......
```

```
---> Application deployed:
     http://codeit.dokku.app
```

이게 끝입니다! 이제 막 여러분의 PaaS에서 돌아가는 첫 애플리케이션이 배포되었습니다.

https://github.com/progrium/dokku에서 Dokku와 관련된 자세한 내용을 살펴볼 수 있습니다. 상용 환경에서 사용할 만한 PaaS가 필요하다면 다중 역할multi-tenancy과 멀티 호스트를 지원하는 Deis[05]를 알아보는 것이 좋습니다.

5.4 고가용성 서비스 설정

비록 Dokku가 애플리케이션을 배포하는 데 좋은 프로젝트임이 확실하지만, 거대한 프로젝트에는 적합하지 않을 수 있습니다. 규모가 큰 서비스를 배포하려면 다음과 같은 조건이 필요합니다.

- **수평 확장** 단 하나의 인스턴스만으로 할 수 있는 일은 많지 않습니다. 조직이 하키 스틱 모양처럼 폭발적으로 성장하게 되면 서버가 받는 부하가 커지게 되고 여러 서버로의 분산이 필요하다는 것을 느끼게 됩니다. 예전이라면 이 시점에서 데이터 센터 확장을 고려하겠지만, 이제는 인스턴스 확장을 생각하게 됩니다.

- **장애 대응** 사고를 방지하려고 도로를 넓게 만들어도 사고는 일어날 수밖에 없습니다. 심지어는 도로를 넓게 만드는 과정에서도 충돌이 일어날 수 있습니다. 마찬가지로 하나의 인스턴스가 중단된다고 해서 모든 서비스가 멈춰버리는 일이 있어서는 안 됩니다. 설계가 잘 된 서비스 구조라면 장애가 발생했을 때 문제가 생긴 인스턴스를 제외하고 그 자리에 새로운 인스턴스로 빠르게 대체할 수 있어야 합니다.

- **모듈 단위 구조** 앞의 두 내용에 비하면 그리 중요해 보이진 않지만, 모듈 단위 구조는 대규모 배포를 결정짓는 큰 특징입니다. 모듈 단위 구조는 유연성이 있으며 서비스가 성장했을 때에도 큰 문제 없이 기존의 모듈을 새로운 모듈로 변경할 수 있다는 점에서 미래지향적이기도 합니다.

---

05 http://deis.io/

이 내용이 결코 절대적인 것은 아니지만 고가용성 서비스를 배포하려면 어느 정도 이상의 노력이 필요한 것은 사실입니다. 이 책에서 살펴본 Docker는 여태까지 하나의 호스트에서 실행되었습니다. 그리고 지금까지는 여러 인스턴스 위에서 실행되는 Docker를 관리할 수 있는 도구가 없었습니다.

이것이 바로 'CoreOS'가 필요한 이유입니다. CoreOS는 Docker를 활용한 큰 규모의 서비스에서 하나의 블럭을 담당하는 목적으로 배포에 필요한 것만 남기고 모든 것을 제외한 초소형 운영체제입니다. 이뿐만 아니라 CoreOS는 'etcd'(4장 자동화와 보안에서 살펴본)라는 고가용성 키-값 저장소와 함께 사용되며, etcd는 컨테이너 관리와 서비스 발견을 목적으로 사용됩니다. 또한, 'fleet'이라는 도구는 etcd가 개별적인 인스턴스에서 작동하는 것과는 반대로 거대한 클러스터에서 제 성능을 낼 수 있도록 도와줍니다.

> **NOTE**
>
> fleet은 마치 시스템의 데몬을 관리하는 systemd와 같은 역할을 클러스터 레벨에서 수행합니다. systemd는 단일 시스템에 적합한 도구지만, fleet은 거대한 클러스터 시스템에 적합한 도구입니다. fleet에 관한 자세한 내용은 https://coreos.com/using-coreos/clustering/을 참고하기 바랍니다.

이번에는 로컬 호스트에서 생성한 3개의 CoreOS 노드 위에서 code.it 애플리케이션을 배포해 보겠습니다. 실제로 멀티 호스트 환경을 구성하려면 조금 더 많은 작업이 필요하지만 예제로는 충분한 가치가 있습니다. 또한, 이 예제를 통해 고가용성 서비스를 쉽게 배포하기 위해 몇여 년을 걸쳐서 만들어진 소프트웨어와 이를 지원하는 히드웨어에 대해 다시 한 번 놀라는 계기가 될 것입니다. 불과 일마 전까지만 해도 이러한 배포 환경은 거대한 데이터 센터에서나 가능한 일이었기 때문입니다.

5.4.1 의존성 패키지 설치

앞으로 설명할 예제를 위해서는 다음 패키지를 설치해야 합니다.

- **VirtualBox** 가상 머신 관리를 위해 일반적으로 사용되는 소프트웨어입니다. https:// www.virtualbox.org/wiki/Downloads에서 설치 파일을 받을 수 있습니다.

- **Vagrant** 가상 머신을 Docker처럼 관리하게 도와주는 관리 도구로, https://www. vagrantup.com/downloads.html에서 설치 파일을 받을 수 있습니다.

- **Fleetctl** fleet은 한 마디로 분산 초기화 시스템이라 표현할 수 있습니다. fleet을 통해 서비스를 하나의 클러스터로 관리할 수 있습니다. Fleetctl은 명령어 기반의 fleet 인터 페이스를 제공하는 클라이언트로, 다음 명령어로 설치할 수 있습니다.

```
$ wget https://github.com/coreos/fleet/releases/download/v0.11.5/fleet-
v0.11.5-linux-amd64.tar.gz && tar xvzf fleet-v0.11.5-linux-amd64.tar.gz
sudo cp fleet-v0.11.5-linux-amd64/fleetctl /usr/local/bin
```

5.4.2 Vagrantfile 설정

Vagrantfile은 Docker에서 사용하는 Dockerfile과 비슷한 개념의 파일입니다. Vagrantfile은 기본이 되는 가상 머신의 종류, 실행해야 할 명령어, 생성해야 할 가상 머신의 개수와 같은 것들을 설정할 수 있습니다. CoreOS는 Git 저장소를 통해 Vagrantfile을 제공하며 Vagrant에서 이 파일을 사용하여 CoreOS를 설치할 수 있습니다. 이 방식은 CoreOS를 개발 환경에서 사용해 볼 수 있는 가장 이상적인 방법이기도 합니다.

다음 명령어로 coreos-vagrant 저장소에서 Core-OS를 기반으로 하는 가상 머신을 생성할 수 있는 Vagrantfile을 다운로드할 수 있습니다.

```
$ git clone https://github.com/coreos/coreos-vagrant/
$ cd coreos-vagrant
```

NOTE

Vagrant는 가상 머신 환경을 구성하고 설정하는 소프트웨어로, 무료이며 오픈소스로 운영되고 있습니다. Vagrant는 VirtualBox, KVM, VMWare와 같은 가상화 솔루션들의 래퍼wrapper로 볼 수도 있고, Chef, Salt, Puppet과 같은 설정 관리 도구로 보여질 수도 있습니다.

디스커버리 토큰 가져오기

각각의 CoreOS는 클러스터 안에서 다른 인스턴스와 통신하며 협업하기 위해 etcd 서비스를 탑재하고 있습니다. 이러한 일이 가능하려면 생성된 etcd 서비스가 서로 다른 인스턴스에 있는 etcd 서비스를 발견할 수 있어야 합니다.

디스커버리[06]discovery 서비스는 CoreOS에서 개발한 무료 서비스로, etcd 서비스들이 각기 다른 인스턴스에 있는 etcd를 발견할 수 있게 도와줍니다. 인스턴스 안에 있는 etcd 서비스는 디스커버리 서비스로부터 받은 토큰을 이용하여 서로 다른 etcd 서비스를 구분할 수 있습니다. 토큰은 'discovery.etcd.io/new'로 GET 요청을 보내서 생성할 수 있기 때문에 어렵지 않습니다.

```
$ curl -s https://discovery.etcd.io/new
https://discovery.etcd.io/5cfcf52e78c320d26dcc7ca3643044ee
```

이제 앞의 clone 명령어로 받은 coreos-vagrant 디렉터리 안에 'user-data.sample'이라는 파일을 열어 #discovery로 시작하는 라인을 찾습니다. #을 제거하여 주석을 풀고 앞에서 생성한 토큰을 입력합니다. 파일을 저장한 후에는 파일 이름을 'user-data'로 변경합니다.

NOTE

user-data는 CoreOS 인스턴스에서 사용하는 cloud-config 프로그램을 위한 파라미터로 사용되는 파일입니다. cloud-config는 가상 머신의 활성화와 초기화를 해주는 스크립트인 cloud-init 프로젝트에서 사용하는 cloud-config 파일에서 영감을 받아 만들어진 프로그램으로, CoreOS와

---

06 https://discovery.etcd.io

같은 경우에는 etcd 설정을 위해 사용됩니다. 좀 더 자세한 내용은 https://coreos.com/docs/
cluster-management/setup/cloudinit-cloud-config/와 http://cloudinit.readthedocs.
org/en/latest/index.html에서 살펴볼 수 있습니다.

다음은 CoreOS의 user-data 파일 안에 생성한 디스커버리 토큰을 저장한 내용
입니다.

```
coreos:
    etcd:
        # generate a new token for each unique cluster from https:// discovery.
        etcd.io/new
        # WARNING: replace each time you 'vagrant destroy'
        discovery: https://discovery.etcd.io/5cfcf52e78c320d26dcc7ca36430 44ee
        addr: $public_ipv4:4001
        peer-addr: $public_ipv4:7001
    fleet:
        public-ip: $public_ipv4
    units:
```

> **NOTE**
>
> 새로운 인스턴스를 생성할 때마다 반드시 새로운 토큰을 발급받아야 합니다. 단순하게 토큰을 재사
> 용한다면 제대로 작동하지 않을 것입니다.

인스턴스 개수 설정

'config.rb.sample'이라는 이 파일은 coreos-vagrant 디렉터리 안에서 설
정해야 할 또 다른 파일입니다. 이 파일을 열어 $num_instance=1이 적힌 위
치를 찾아 값을 3으로 변경합니다. 이렇게 하면 Vagrant는 1개가 아닌 3개의
CoreOS 인스턴스를 생성합니다. 이제 이 파일을 저장하고 'config.rb'로 이름
을 변경하면 됩니다.

NOTE

config.rb 파일은 Vagrant에서 사용하는 환경과 클러스터 안에서 생성될 가상 머신의 개수를 설정하는 파일입니다.

다음 코드는 인스턴스 개수를 변경한 config.rb 파일의 일부분입니다.

```
# Size of the CoreOS cluster created by Vagrant
$num_instances=3
```

인스턴스 생성과 상태 체크

이제 모든 설정이 완료되었습니다. 여러분의 로컬 머신에서 클러스터를 생성하는 일만이 남아있습니다.

```
$ vagrant up
Bringing machine 'core-01' up with 'virtualbox' provider...
Bringing machine 'core-02' up with 'virtualbox' provider...
Bringing machine 'core-03' up with 'virtualbox' provider...
==> core-01: Box 'coreos-alpha' could not be found. Attempting to find and
install...
    core-01: Box Provider: virtualbox
    core-01: Box Version: >= 0
==> core-01: Adding box 'coreos-alpha' (v0) for provider: virtualbox
. . . . .
. . . . .
. . . . .
```

가상 머신이 생성된 이후 SSH를 통해 가상 머신 내부로 접근할 수 있으나 SSH 키가 필요합니다. SSH 키를 추가하면 클러스터에 있는 다른 인스턴스에도 접근이 됩니다. 키를 추가하려면 다음과 같은 명령어를 실행해야 합니다.

```
$ ssh-add ~/.vagrant.d/insecure_private_key
Identity added: /Users/CoreOS/.vagrant.d/insecure_private_key (/Users/
CoreOS/.vagrant.d/insecure_private_key)
$ vagrant ssh core-01 — -A
```

이제 fleet을 통해 클러스터 안에 있는 가상 머신들의 목록을 확인하여 Vagrant
가 가상 머신을 제대로 생성하였는지 확인할 수 있습니다.

```
$ export FLEETCTL_TUNNEL=127.0.0.1:2222
$ fleetctl list-machines
MACHINE IP METADATA
daacff1d...  172.17.8.101  -
20dddafc...  172.17.8.102  -
eac3271e...  172.17.8.103  -
```

서비스 시작

새롭게 생성된 클러스터에서 애플리케이션을 시작하기 위해서는 'unit-files'라
는 파일을 생성해야 합니다. unit-files는 각각의 가상 머신에서 실행되어야 하는
서비스에 대한 내용을 기록한 파일입니다. 다음 내용을 추가하고 각 파일 이름을
code.it.1.service, code.it.2.service, code.it.3.service로 생성합니다.

code.it.1.service

```
[Unit]
Description=Code.it 1
Requires=docker.service
After=docker.service

[Service]
ExecStart=/usr/bin/docker run --rm --name=code.it-1 -p 80:8000 shrikrishna/code.it
ExecStartPost=/usr/bin/etcdctl set /domains/code.it-1/%H:%i running
ExecStop=/usr/bin/docker stop code.it-1
ExecStopPost=/usr/bin/etcdctl rm /domains/code.it-1/%H:%i

[X-Fleet]
X-Conflicts=code.it.*.service
```

code.it.2.service

```
[Unit]
Description=Code.it 2
Requires=docker.service
After=docker.service
```

```
[Service]
ExecStart=/usr/bin/docker run --rm --name=code.it-2 -p 80:8000 shrikrishna/code.it
ExecStartPost=/usr/bin/etcdctl set /domains/code.it-2/%H:%i running
ExecStop=/usr/bin/docker stop code.it-2
ExecStopPost=/usr/bin/etcdctl rm /domains/code.it-2/%H:%i

[X-Fleet]
X-Conflicts=code.it.2.service
```

code.it.3.service

```
[Unit]
Description=Code.it 3
Requires=docker.service
After=docker.service

[Service]
ExecStart=/usr/bin/docker run --rm --name=code.it-3 -p 80:8000 shrikrishna/code.it
ExecStartPost=/usr/bin/etcdctl set /domains/code.it-3/%H:%i running
ExecStop=/usr/bin/docker stop code.it-3
ExecStopPost=/usr/bin/etcdctl rm /domains/code.it-3/%H:%i

[X-Fleet]
X-Conflicts=code.it.*.service
```

이 파일을 작성하다 보면 공통점을 찾을 수 있습니다.. ExecStart 파라미터는 서비스를 시작하는 데 반드시 실행되어야 하는 명령어가 포함됩니다. 이 예제에서는 code.it 컨테이너를 실행하는 명령어가 ExecStart의 파라미터가 될 것입니다.

ExecStartPost에는 ExecStart 파라미터에 지정된 명령어가 실행된 후 실행되는 명령어를 지정합니다. 이 예제에서는 서비스 발견을 위한 etcd 서비스 등록 명령어가 ExecStartPost의 파라미터가 되었습니다. 반대로 ExecStop 파라미터에는 서비스를 중단해야 할 때 필요한 명령어가 인자로 포함됩니다. 마찬가지로 ExecStopPost는 ExecStop 파라미터에 지정된 명령어가 실행된 후 실행할 명령어가 포함됩니다. 이 예제에서는 서비스를 더는 발견하지 못하도록 etcd 서비스 등록을 해제하는 명령어를 사용합니다.

X-Fleet은 CoreOS와 연관된 항목으로, 하나의 가상 머신 위에서 동시에 두 서비스가 돌아갈 수 없도록 지정하는 역할을 합니다(두 서비스가 같은 포트를 사용하여 충돌할 가능성이 있으므로). 이제 모든 인스턴스가 제 자리에 놓일 준비가 끝났으며 작업을 실행할 때가 왔습니다.

```
$ fleetctl submit code.it.1.service code.it.2.service code.it.3.service
```

이제 서비스가 제대로 클러스터 위에서 생성되는지를 검증할 차례입니다. 콜론(-)으로 나타난 곳은 비어있는 상태를 뜻하며 서비스가 아직 시작되지 않았음을 뜻합니다.

```
$ fleetctl list-units
UNIT               LOAD    ACTIVE    SUB    DESC       MACHINE
code.it.1.service  -       -         -      Code.it 1  -
code.it.2.service  -       -         -      Code.it 2  -
code.it.3.service  -       -         -      Code.it 3  -
```

이제 서비스를 시작해 봅시다.

```
$ fleetctl start code.it.{1,2,3}.service
Job code.it.1.service scheduled to daacff1d.../172.17.8.101
Job code.it.1.service scheduled to 20dddafc.../172.17.8.102
Job code.it.1.service scheduled to eac3271e.../172.17.8.103
```

다음 명령어로 서비스가 제대로 작동하는지 확인해 봅시다.

```
$ fleetctl list-units
UNIT LOAD ACTIVE SUB DESC MACHINE
code.it.1.service loaded active running Code.it 1 daacff1d.../172.17.8.101
code.it.1.service loaded active running Code.it 2 20dddafc.../172.17.8.102
code.it.1.service loaded active running Code.it 3 eac3271e.../172.17.8.103
```

축하합니다! 이제 여러분만의 클러스터 환경을 구축하는 데 성공하였습니다. 이제 각 인스턴스의 주소인 172.17.8.101, 172.17.8.102, 172.17.8.103에 웹 브라우저로 접속하여 애플리케이션이 제대로 실행되는지 확인해 봅시다.

이 예제를 통해 여러분은 하나의 클러스터 안에서 고가용성 서비스 환경을 구성하는 방법을 배웠습니다. 부하를 분산시키기 위해 etcd를 사용하여 로드밸런서^{load balancer}를 추가한다면 상용 환경에서 사용할 수 있는 수준의 클러스터가 완성될 것입니다. 하지만 이 내용은 이 책과 거리가 먼 관계로 여러분의 과제로 남겨두겠습니다.

이제 이 책의 막바지까지 오게 되었습니다. Docker는 아직도 개발이 진행 중이며, CoreOS, Deis, Flynn과 같은 프로젝트도 마찬가지로 꾸준히 업데이트되고 있습니다. 지난 몇 달 동안만 해도 멋진 프로젝트들이 세상에 등장했고 무엇이 되었든 앞으로 더 멋진 것들이 등장할 것입니다. 여러분과 저는 정말 흥미로운 시대에 살고 있습니다. 그러니 이제 이러한 프로젝트들을 백 배 활용하여 이 세계를 조금 더 멋지게 만드는 일에 동참하는 것은 어떨까요? 즐거운 배포가 되길 기대합니다.

5.5 요약

이번 장에서는 Chef와 Puppet을 통해 Docker를 활용하는 방법을 배웠고, apt-cacher를 사용하여 패키지를 받는 데 소모되는 시간을 줄여보기도 했습니다. Dokku를 사용하여 여러분만의 작은 PaaS를 구성해 보기도 했고, 마지막으로는 CoreOS와 fleet을 사용하여 고가용성 서비스 환경을 구성해 보았습니다.

축하합니다! 이 책에서 여러분은 Docker를 통해 애플리케이션을 'Docker화^{dockerize}'하는 데 필요한 지식을 배웠으며, 클러스터를 구성하는 방법도 알게 되었습니다.

친애하는 독자들께, 이 책의 여정은 여기서 끝나지만 새로운 여정이 여러분을 기다립니다. 이 책은 단지 여러분이 Docker를 통해 더욱 가치 있는 일을 하기 위한 발판이었을 뿐입니다. 저는 여러분이 성공하리라 생각합니다. 여러분이 이 책을 좋아한다면 트위터의 @srikrishnaholla로 인사라도 한번 부탁합니다. 만약 이

책을 좋아하지 않는다면, 제가 조금 더 좋은 책을 만들 수 있도록 어떤 부분이 마음에 들지 않는지 알려주시기 바랍니다.